Amies **régimeuses**, bonjour !

Je vous offre, dans ce petit recueil, mes 100 règles pour garder la ligne. Attention, ce ne sont pas des règles d'argent ni de bronze, ce sont des règles d'or, on table sur du haut de gamme ! Alors allons-y et poursuivons ensemble cet objectif centré sur un idéal : bien-être, santé, meilleure hygiène de vie et, en bonus, une silhouette harmonieuse.

Je vous propose de devenir, si vous ne l'êtes pas déjà, une experte de la minceur, une vraie athlète des bons comportements, du savoir-faire et du savoir-être. Devenez maître de votre attitude envers la nourriture. Déesse, Apollon ou papillon peu importe, obtenez ce que vous souhaitez. Mais avant tout, il faut apprendre à se stabiliser pour ne plus jamais regrossir.

Faites-vous confiance et, dans un premier temps, posez-vous la question : qu'est-ce que cela changerait dans ma vie si j'avais beaucoup plus confiance en moi ? Si je m'offrais ce cadeau de croire en moi ?

Dirigeons-nous ensemble de « **l'impossible** » vers « **le possible** ». Il est temps d'incarner le « je prends plus soin de moi et de mon bien-être pour m'aimer plus » et pas uniquement en changeant de pantalon ou de rouge à lèvres !

Des pas de souris valent tout autant qu'un pas de géant !

Alors comme ça, vous avez décidé de maigrir ? Dites-moi un peu : quel est donc aujourd'hui votre premier pas vers la minceur ? Les premiers réglages à faire dans votre vie ?

Si vous étiez pilote d'avion, nous sommes d'accord qu'avant le décollage, vous auriez quelques consignes à respecter. Le pilote doit régler tous les paramètres de l'appareil avant de prendre son envol, et vous aussi ! Donc, pour vous investir complètement dans votre projet, qui est de maigrir, il est préférable d'instaurer quelques règles de base incontournables et de vous engager dans le présent pour **devenir ce que vous voulez être.**

J'aimerais de tout mon cœur vous donner l'envie, la force et l'**énergie de passer à l'action**. C'est cela que je souhaite partager avec vous, ici, dans ce livre. Si vous ne connaissez pas encore mes vidéos sur la chaîne « Mon mince viendra », jetez-y un coup d'œil, **elles pourront vous aider à relativiser : « pour vous comprendre mieux, il faudra savoir qui vous êtes.** »

Anna Austruy

Les 100 règles d'or d'une *Ex*-grosse

POUR GARDER LA LIGNE...
...ET LE SOURIRE !

LAROUSSE

**Je tiens à vous remercier, chères lectrices
et chers lecteurs, pour tout cet amour que vous m'offrez
depuis cinq ans...** J'en ai des étoiles plein les yeux !
Votre fidélité, vos messages, nos rencontres...
Est-ce la magie de la vie ? De la chance ?
De bonnes vibrations ? Un ange gardien efficace ?
Peu importe, vous êtes du bonheur à l'état pur...

●

**Un grand merci à ma famille
qui est toujours présente.**

●

À mes amies Aurore et Olivia
de ma chaîne « Mon mince viendra »,
ainsi qu'aux différents coachs en développement
personnel que je connais.

●

À David Lefrançois
Directeur de l'Institut des neurosciences appliquées

« Et puis, il y a ceux que l'on croise, que l'on connaît
à peine, qui vous disent un mot, une phrase, vous
accordent une minute, une demi-heure et changent
le cours de votre vie. »

Ce passage de Katherine Pancol résume, à la perfection,
la reconnaissance que j'ai pour ce grand monsieur
talentueux et bienveillant qu'est David.

●

**Même le mot « merci » n'est pas assez puissant pour
vous faire partager ce que je ressens... alors, simplement,
Je vous AIME...**

Sommaire

1

Règle N°1

Une **période** d'amincissement, ça se prévoit !

Ça y est, vous avez décidé de maigrir. Vous n'en êtes pas à votre première prise de conscience, mais cette fois, ça va marcher. Vous avez un bon feeling pour celle-là. Très bien, vous êtes motivée ? C'est un bon début, mais encore ?

Vous avez pris une décision réfléchie, vous savez que vous voulez maigrir pour vous et non pour les autres, que pour cela, vous allez devoir modifier votre hygiène de vie. Maintenant, il s'agit de préparer le plan d'action.

La question n'est plus « pourquoi » je veux maigrir, mais « comment ». Passez en revue vos habitudes qui gagneraient à être modifiées. Par exemple, notez sur un carnet tout ce que vous mangez dans une journée (et je veux des informations précises, si vous mangez des pâtes, je veux savoir combien d'assiettes et ce que vous avez mis dedans !). De cette façon, vous verrez si vous mangez trop, les grignotages à limiter…

Faites également le point sur votre activité sportive en prenant un podomètre avec vous : à moins de 5 000 pas par jour, vous êtes sédentaire. Si c'est votre cas, il faudrait peut-être commencer par bouger plus !

Une fois que vous avez vu les points principaux à améliorer, rangez et réorganisez vos placards pour éviter d'avoir en permanence toutes ces tentations sous les yeux. Gardez quelques sucreries, mais gardez-les dans des emballages moins attractifs, comme des paquets de riz ou de pâtes.

Maintenant, prévoyez vos menus de la semaine, des collations équilibrées et faites vos courses en fonction de votre liste (oui, ça ne rigole plus !). De cette manière, on ne se laisse pas tenter par le « je ne sais pas quoi faire ce soir » pour finir avec des coquillettes au fromage sans aucun légume !

Vous voilà prête à entamer votre période d'amincissement : de bonnes résolutions, une super organisation et une motivation en béton. Il ne vous reste plus qu'à maintenir le cap et trouver de nouvelles habitudes plus saines.

Règle n°2

Je mange **équilibré**

Eh oui, comme vous le savez, le premier pas vers la « minceur » se trouve dans votre assiette (c'est ce qui s'appelle mettre les pieds dans le plat !).

Avant toute chose, j'adopte la règle de 3 : **légumes, féculents et protéines (animales ou végétales).** Ce trio gagnant vous aidera à maigrir sans frustration ni effet yoyo !

Pour ce qui est des autres aliments, faites la part des choses et tournez le dos aux idées reçues. Par exemple, ne bannissez pas les matières grasses végétales (à base de tournesol, d'olives, de graines diverses, d'oléagineux, d'avocats...), car elles apportent des acides gras essentiels. Par contre, méfiez-vous des laitages. On n'engloutit pas un pack de 8 yaourts en se disant que c'est léger. Le lactose, c'est du sucre ! Et bien sûr, ne lésinez pas sur les fruits !

Je sais que beaucoup d'entre vous connaissent les principes de l'équilibre alimentaire... Pourtant, je constate, en regardant certaines photos sur les réseaux sociaux, que ce n'est pas si évident.

Notre assiette devrait être un subtil mélange d'aliments essentiels et de plaisirs sans abus. Le secret est de consommer les **six catégories d'aliments (légumes, féculents, protéines, fruits, matières grasses, laitages)** en les répartissant tout au long de la journée selon nos besoins (écouter un peu plus son corps, c'est se sentir un peu plus en forme).

Attention, il ne s'agit pas de créer des obsessions : si, après une soirée bien arrosée, vous avez omis de prendre votre portion de laitage, ne vous précipitez pas à 3 heures du matin sur votre yaourt ou votre verre de lait. Rassurez-vous, l'ostéoporose ne vous guette pas encore, d'autant plus que ce fameux calcium, vous le trouverez dans un large éventail d'aliments autres que les laitages.

Ne tombez plus dans l'équilibre pique-nique

UN REPAS PIQUE-NIQUE

☒ Sandwich : pain, thon, mayonnaise, salade ;

☒ 1 morceau de gruyère ;

☒ 2 clémentines.

Résultat ☹ : j'ai la dalle 1 h 30 après avoir déjeuner ! Mais bon, tant que cela reste occasionnel, il n'y aura pas de problème.

REPAS ÉQUILIBRÉ CLASSIQUE

☑ Carottes râpées.

☑ Riz, poêlée de champignons, quelques amandes, steak haché 5 % de MG.

☑ 1 fromage blanc 20 % (meilleur que le 0 %), auquel on ajoute 1 cuillerée à café de vanille et quelques framboises fraîches.

Résultat ☺ : satiété au top, du volume et du plaisir.

Règle n°3

Je mange équilibré et avec les **bonnes portions** !

Respecter l'équilibre alimentaire ne suffit pas pour mincir. Si je mange une tonne de tout, certes, j'aurais mangé équilibré, mais je grossirais tout de même.

N'oubliez pas que plus vous mangez, plus vous augmentez l'apport énergétique. En d'autres termes, le corps reçoit plus de calories qu'il n'en a besoin pour fonctionner. Conséquence : vous stockez le surplus. C'est un cercle vicieux, car plus je mange et plus j'ai envie (ou besoin) de manger ! Mon estomac s'élargit et ne demande qu'à être rempli.

L'équilibre alimentaire me permet de donner à mon corps tous les nutriments dont il a besoin pour fonctionner de manière optimale et savoir gérer les quantités permet de stabiliser mon poids de forme et de me sentir bien. Votre corps saura vous remercier ! Ainsi, il est, à mon sens, primordial de maigrir dans de bonnes conditions.

Maintenant, je sais aussi qu'on peut grossir sans manger comme quatre ! Le simple fait de manger plus gras, plus sucré, de consommer davantage d'alcool et d'ajouter à ces facteurs un manque de sommeil, du stress, des repas déstructurés… et BINGO, vous avez « pro-graissé » au minimum de 5 kg en 1 an. Le seul chiffre d'affaires qui vous démoralise.

Rappel de la pyramide de l'équilibre alimentaire

Pour vous, mes régimeuses débutantes, voici un peu plus d'informations sur la pyramide de l'équilibre alimentaire. Le repas idéal se compose de :

☑ 1 portion de légumes (1/2 assiette) : courgettes, champignons, carottes... Le professeur Léon Binet, ancien doyen de la faculté de médecine de Paris, disait d'ailleurs : « Le jardin est une officine à utiliser le plus souvent possible. »

☑ 1 portion de fruits : pomme, orange, fraises, raisin...

☑ 1 portion de féculents (1/4 d'assiette) : riz, pâtes, pommes de terre, semoule, maïs, haricots secs...

☑ 1 portion de protéines animales ou végétales (1/4 d'assiette) : viande, poisson, œufs... ou légumes secs, tofu...

☑ 1 portion de matières grasses (1 cuillerée à soupe/1 noisette) : huile, oléagineux...

☑ 1 portion de laitages : yaourts, fromage blanc, fromage... qui ne sont pas les seules sources de calcium.

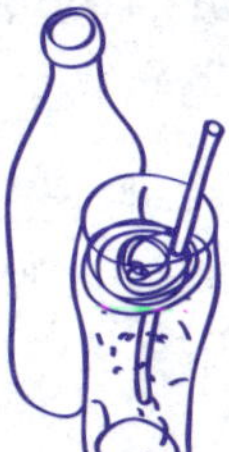

Règle n°4

Je ne **maigris pas pour les autres**...

C'est comme la cigarette. Trop manger est une addiction, mais vous ne pourrez vous en dépêtrer que lorsque vous aurez pris la décision de changer vos habitudes.

Vous avez ce livre, donc vous avez eu un déclic. Vous l'avez décidé, c'est votre choix. Plus rien ne vous va et vous êtes depuis longtemps dans la phase camouflage : pull lâche, tunique... toujours en noir ! Quand on commence à se cacher, c'est mauvais signe. Mais avez-vous eu ce déclic pour la bonne raison ? Est-ce que c'est vous qui êtes allée en librairie, bien décidée à faire le pas ? Ou est-ce qu'un ami vous a dit : « Tiens, tu ne voulais pas faire un régime justement ? » et que, pour montrer votre bonne foi, vous l'avez acheté ?

Moi, j'ai décidé de maigrir pour l'amour que je me porte. Je ne tenais pas à satisfaire le désir des autres. C'était MON choix de mincir. **Et plus important encore : j'étais prête.** J'avais passé assez de temps à souffrir de mes kilos en trop pour avoir la force d'atteindre mon but. C'était mon combat, ma bataille, peu importait la victoire finale. Personne n'a à vous dicter votre conduite vis-à-vis de votre corps. Même si votre entourage a parfois raison, il faut que cela vienne de vous.

Après ces 22 ans durant lesquels j'ai maintenu un poids qui me convient, je sais que c'est le plus beau cadeau que je me suis offert. Et vous aussi, vous méritez ce cadeau. Alors qu'attendez-vous pour vous l'offrir ?

Règle n°5

Je sors de ma **zone** de **confort**

Pour réussir à maigrir et rester mince, il vous faut sortir de votre zone de confort. En effet, même si vous vous y sentez bien, prenez conscience que c'est elle qui vous a fait prendre du poids.

Ça veut dire quoi sortir de sa zone de confort? C'est tout simplement sortir de sa routine, celle qui a fait de moi la personne en surcharge pondérale que j'étais. Dans ce confort facile, j'avais pris des habitudes, développé certains réflexes, adopté certains comportements, fréquenté les mêmes lieux qui m'ont fait prendre ces maudits kilos. Par exemple, s'arrêter tous les jours à cette boulangerie qui est sur le chemin du travail, ou finir les plats tous les soirs parce que c'est dommage de gâcher, passer ses week-ends sur le canapé, ou encore se diriger vers le frigo dès qu'on rentre à la maison sans avoir même pris la peine d'enlever sa veste. Sans vous en rendre compte, vous vous êtes enfermée dans des mécanismes qu'il faut enrayer au plus vite.

J'appelle cela « le changement doux et efficace », même s'il peut parfois s'avérer radical. **Pourtant, ce n'est pas une révolution poing levé, mais plutôt un compromis raisonnable pour être en accord avec ses besoins et ses valeurs.** Je sais ce que je dois faire pour devenir qui je veux être, et cela commence par bouleverser mon mode de vie pour faire place à des habitudes bien plus saines.

Règle n°6

Je reste **cohérente** quoi qu'il arrive

Si vous voulez aller quelque part, il ne vous viendrait pas à l'idée de prendre le chemin le plus long ou de marcher à reculons pour y parvenir. C'est logique, nos actes vont dans le même sens que nos objectifs. Eh bien, en phase d'amaigrissement, cette cohérence est indispensable.

Si vous saviez les incohérences pendant notre phase d'amaigrissement, c'est fou ! Et le pire, c'est qu'à aucun moment nous n'en prenons conscience. Voici quelques exemples de choses à changer !

1. **J'ai de belles dents, mais je ne mâche pas ma nourriture.** Les dents permettent de « mâcher le travail » à l'estomac qui ne fait que mélanger. Alors, on mastique pour éviter les grumeaux !

2. **Je suis en plein régime, mais je grignote à longueur de journée.** On peut consommer ses péchés mignons, mais peut-être pas TOUS dans la MÊME journée !

3. **Je parle d'équilibre alimentaire, mais je ne mange jamais de légumes.** Bien cuisinés, les légumes sont délicieux, à vous de trouver vos recettes.

4. **Je parle de vie saine, mais je squatte le canapé tout le week-end.** Prendre de bonnes résolutions, c'est bien. Maintenant, on se lève et on les applique !

5. **Je me dis raisonnable, mais dès que je suis invitée, j'oublie que je suis au régime.** « Pour une fois… » C'est faux, et vous le savez. On se reprend !

6. **Je fais attention toute la journée, mais je mange sans limite au dîner.** Tout est dans l'équilibre. Peut-être avez-vous trop faim le soir ? Revoyez vos repas.

7. **J'arrête de grignoter, mais ma collation dure de 16 heures à 19 heures.** Une collation, c'est léger et court !

8. **Je consomme des produits allégés, mais j'en mange 5 fois plus que les normaux.** Vous vous rendez bien compte que cela revient au même, n'est-ce pas ?

9. **J'ai décidé de manger moins gras, mais je fais mes courses chez le traiteur.** Astuce : cuisinez en grande quantité le week-end et congelez en portions individuelles.

10. **J'ai du cholestérol, mais je mange du fromage midi et soir.** No comment…

Voici votre nouveau mantra : « Je fais ce que je dis » ou « Cohérence est ma seconde nature. » Cela s'appelle être responsable : vous êtes acteur de votre projet. Personne ne vous a injecté cette graisse en intraveineuse et personne ne fera le régime à votre place. Alors fixez vos limites et faites ce que vous dites.

Exemple de cohérence

Quand je mange, je garde toujours le meilleur pour la fin. Le matin c'est : thé, fromage blanc, fruits frais et, pour finir, tartine pain-beurre (si je commence par ça, je saigne la baguette à coup sûr !).

Règle n°7

Je ne grignote pas : je fais une **collation**

Les yeux rivés sur l'horloge, vous attendez avec impatience qu'il soit 4 h 30 pour entamer votre goûter. C'est l'heure. De toute façon, le chiffre 4 ne vous fait penser qu'au goûter ou au quatre-quarts… Mais cela ne veut pas dire que c'est ce qu'il faut manger !

Je sais que vous rêvez de croissants, de pain, de beurre, de fromage, de confiture… Mais ces en-cas doivent rester occasionnels (pour des raisons évidentes !). Préférez donc la collation au goûter ultra sucré qui ne vous tiendra pas au corps.

« Collation » (j'adore ce mot…) est un terme emprunté à l'univers monacal médiéval. Une collation correspondait alors à un repas de fruits ou de confiture avec un doigt de vin, pris lors des soirs de jeûne autour d'un débat théologique. **Donc, on est d'accord, une collation, c'est light !** Une nourriture intellectuelle en quelque sorte…

Il s'agit de bien choisir ses aliments et de faire ses collations aux moments appropriés. Les collations se font en matinée ou dans l'après-midi. Ou parfois les deux ! L'objectif est de vous permettre de tenir jusqu'au déjeuner ou dîner s'ils sont tardifs ou si vous voulez éviter les coups de pompe et surtout le grignotage permanent. Bien sûr, une collation ne se fait que si on a vraiment faim et, surtout, elle ne dure pas des heures !

Dans quels cas fait-on une collation ?

- ☑ Si on se lève très tôt, à 4-5 heures du matin. Sinon, on peut se sentir faible...
- ☑ Si on déjeune tard, aux environs de 13-14 heures.
- ☑ Si on est très active dans son travail, qu'on bouge toute la journée.
- ☑ Si on a faim. (Vous êtes sûre que vous n'avez pas plutôt soif ?)
- ☑ Si on rentre tard le soir.
- ☑ Si vous grignotiez énormément avant et souhaitez limiter la casse avec la collation.
- ☑ Si on est sportive.

Règle
n°8

Je bois **1,5 litre d'eau** par jour

L'eau n'est pas un remède magique à l'amaigrissement (quel dommage, moi qui le croyais !), mais à chaque fois que j'ai bu ma bouteille de 1,5 litre, comme par hasard, c'est la semaine où j'ai le mieux maigri. Il y a des mystères que je n'ai pas encore résolus…

Il n'est pas nécessaire de boire à outrance. **Juste 8 verres d'eau à repartir sur la journée.** Y a-t-il un médecin dans la salle pour nous briefer sur l'importance de boire ? Nous sommes composés à 70 % d'eau : si vous faites 100 kg, votre corps en contient 70 litres (finalement, on n'est pas gros, mais juste plein d'eau !). Une telle quantité doit bien servir à quelque chose !

On perd environ 3 litres d'eau par jour : il faut donc renouveler le stock pour permettre à notre corps de bien fonctionner. La moitié de nos besoins en eau est apportée par les aliments que nous mangeons et l'autre moitié par l'eau qu'il faut boire, soit 1,5 litre.

Mon astuce

Si vous n'arrivez pas à boire, associez-y un terme positif et punchy qui lui donnera un sens. Par exemple : une gorgée, c'est bon pour mon cerveau/ma silhouette/ma santé ; pour drainer/éliminer/avoir un corps sain… À chaque fois que je bois, je me dis que c'est trop bon pour moi ! C'est frais, c'est sain et ça ne mange pas de pain.

Bien qu'il soit parfois bon de rêver (voir les règles n° 49 et 50 sur la visualisation), voici la mauvaise nouvelle du jour : l'eau n'a jamais fait maigrir personne. Vous vous doutez bien que, si c'était le cas, les magazines féminins se seraient emparés de l'affaire et vous seriez en train de liquider des packs d'eau en lisant ces règles d'or. Par contre, j'ai constaté que, quand je bois, je ne mange pas et, après avoir bu 1 litre et demi d'eau, je suis moins fatiguée. Mon corps me le rend bien !

De plus, si l'eau ne vous fait pas maigrir, elle permet de mieux éliminer les toxines dues à la perte de poids. Elle est également riche en sels minéraux, qu'on perd quand on fait un régime. **Ainsi, l'eau draine les toxines, apporte sels minéraux, bien-être et agit en plus comme un coupe-faim !**

Règle n°9

J'arrête de me fixer des **obligations**

Qui n'a jamais voulu battre un record d'amaigrissement en appliquant telle ou telle méthode ? Pourtant, ce n'est pas une course de vitesse, mais d'endurance !

Après 7 jours pendant lesquels vous avez suivi rigoureusement votre programme alimentaire vient le moment fatidique de la balance… Nue comme un ver au petit matin, vous voilà les deux pieds sur la balance pour valider vos efforts de la semaine. Et BIM ! Le choc de votre vie, un tsunami : vous avez perdu seulement 10 g !

Vous pleurez immédiatement ? Vous encaissez le coup en position fœtale sur le sol de la salle de bains ? Eh bien, NON, vous restez plantée là. Sur la balance. L'œil rivé sur le compteur, complètement hallucinée par le résultat. Et vous vous dites : « Mais qu'est-ce que j'ai mal fait ? Pourquoi moi ? Je ne mérite vraiment pas ça ! » Je vous rassure : tout va bien ! C'est normal, **vous n'êtes pas l'unique personne à ressentir ce genre de déception.**

Je vous explique un petit truc. Il arrive qu'au quotidien nous ayons tant d'attentes que le sentiment de déception est inévitable. Vous anticipez un résultat que vous ne pouvez pas prévoir à l'avance, il y a donc de fortes chances pour que vos aspirations ne se réalisent pas. **Certains paramètres ne sont ni prévisibles ni dépendants de notre volonté** : votre corps réagit comme il le souhaite, vous ne pouvez pas tout contrôler.

Je sais l'importance que ce chiffre a pour vous, il m'a aussi longtemps démoralisée. **Et si vous changiez d'attitude ?** Concentrez-vous sur les actions positives de la semaine plutôt que de vous focaliser sur cet unique résultat. Laissez tomber les attentes utopiques pour avoir plutôt des « préférences ». « J'aimerais bien perdre 1 kg ce mois-ci. Si je n'atteins pas cet objectif, je ne tomberai pas dans le désespoir, mais je persévérerai. »

Vous souhaitez maigrir et êtes impatiente d'atteindre votre but. Essayez plutôt de rester zen, même si vous êtes déçue par le résultat. Ne misez pas tout sur la balance, de plus, si vous ne vous attendez à rien, vous aurez plus facilement une bonne surprise ! On est souvent trop exigeante avec soi-même, c'est pourquoi avoir des souhaits motivants plutôt que des obligations illusoires et décevantes est une bonne clé pour réussir.

Règle n°10

J'adapte mon environnement aux résultats que je veux obtenir

N'avez-vous jamais remarqué que, dans notre environnement, il y a des personnes qui nous tirent vers le bas et d'autres qui nous poussent vers le haut ?

J'ai remarqué que plus je m'accroche à des personnes qui me découragent en permanence, plus j'adopte leur attitude négative et moins j'avance. De même, plus mes placards sont pleins à craquer de cochonneries sucrées ou salées, plus je suis tentée. Plus je consomme mes repas dans le salon avec la télé allumée, moins je me rends compte des quantités. C'est ce qu'on appelle un « environnement néfaste ».

Il est nécessaire d'installer, au plus vite, un cadre de vie qui vous aide, qui vous porte. Faites d'abord un ménage complet dans votre vie. Il est en effet impossible de démarrer un amaigrissement ou de le poursuivre si vous avez des problèmes dans votre couple, avec vos enfants, au travail, de santé…

Imaginez-vous en pleine noyade, vous ne vous diriez pas, entre deux brasses coulées : « Tiens, je prendrais bien des cours de salsa. » Non, parce que vous seriez trop occupée à essayer de survivre, votre priorité numéro 1 ! Pour débuter un amaigrissement, il faut avoir l'esprit libre.

Une certaine harmonie doit régner dans votre vie. **L'harmonie, c'est quand, sur une échelle de 1 à 10, vous ne donneriez pas moins de 5 à tous les domaines de votre vie.** Ce projet doit être votre priorité, sans parasitage. Ce fameux déclic qu'on attend toutes ne vient que quand vous êtes prête et que c'est le bon moment, VOTRE bon moment et pas celui des autres.

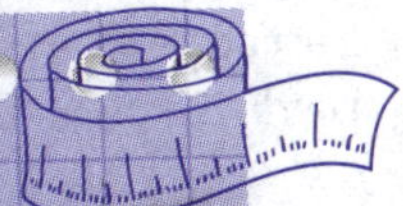

Autoévaluation de votre vie

Prenez un moment pour évaluer couple – travail – famille – loisirs – enfants – santé – amis – environnement en leur donnant une note entre 0 et 10 (sachant que 10, c'est le top du top).

Maintenant, faites le point sur votre situation : avez-vous ce qu'il faut pour réussir ? Votre état d'esprit est-il positif ? Avez-vous défini un cadre ou des limites à ne pas dépasser ? Êtes-vous aidée ? Votre décision de maigrir est-elle juste et en phase avec ce que vous voulez ?

Comment pourriez-vous augmenter votre score ? Même par une mini-action.

- couple : D à Cyrille de + s'impliquer en faute – / équilibrer les tâches
- travail : changer de [illegible]

Règle n°11

Je mise sur le **long terme**

Il est plus facile de grossir que de maigrir, ça, vous n'avez pas besoin de moi pour le savoir. Et pourtant, dans certains comportements, je décèle une impatience inadaptée au processus de la perte de poids.

Grossir se fait sur le court terme, 1 excès = 1 bourrelet. Maigrir, c'est autre chose. Ce n'est pas en jeûnant toute une journée qu'on perdra 2 kg. C'est injuste, mais c'est comme ça, et il faut faire avec !

Entendons-nous bien, une fois que vous aurez atteint votre poids de forme et aurez une bonne hygiène de vie, **un excès ne vous fera pas reprendre tous ces kilos durement perdus**. Comme vous le savez peut-être, l'équilibre alimentaire se fait sur une semaine. Ainsi, si vous faites des écarts raisonnables le week-end (évitez de partir en live), vous aurez toute la semaine pour bouger un peu plus et faire attention pour vous débarrasser du surplus.

Je sais que les régimes express sont tentants, mais sérieusement, vous voulez manger de la soupe aux choux toute votre vie ? Je ne le pense pas. Le pire, c'est que dès l'instant où vous recommencez à manger « normalement », vous reprenez tout d'un coup (vous comprenez bien que, si vous proposez autre chose à votre corps que cette soupe, il va se jeter dessus !).

Laissez-vous le temps de changer et appréciez en douceur vos transformations physiques vers le bien-être. N'oubliez pas qu'il vous faudra de la patience, car il n'y a pas de secret, pour garder la ligne, il faut faire attention toute sa vie. Si vous n'êtes pas dans l'urgence de commencer un régime pour vous débarrasser de vos kilos en trop, ce livre vous permettra, dans un premier temps, d'arrêter de grossir. Ce qui est déjà un bon début.

Les athlètes ne s'entraînent pas la veille de la compétition, mais des mois ou des années en avance ! En vous aussi se cache l'étoffe d'un champion. Il ne demande qu'à s'exprimer ! Alors ne cherchez surtout pas le résultat immédiat et dites-vous toujours : « Ce n'est peut-être pas cet effort qui me fera maigrir, mais la somme de tous ceux que j'ai faits et ceux que je ferai. » Les bonnes actions d'aujourd'hui se verront demain (un peu comme le karma, finalement).

Règle n°12

Mon médecin
est le pilier de mon amaigrissement

Pourquoi cette méfiance envers le corps médical ? Que craignez-vous ? Les médecins et les nutritionnistes ne sont pas là pour ça, mais pour vous aider à aller mieux. C'est ce que vous voulez aussi, non ?

En effet, nous avons souvent tort de vouloir faire notre programme amincissant seules. Le fait de lire des livres ne nous rend pas des expertes en la matière, chacun son métier. **Manger équilibré, en quantité adaptée à une personne est le minimum syndical. Votre médecin vous y aidera.** Les principaux risques de faire son programme seule sont :

1. De prévoir trop : pas d'amaigrissement en vue…
2. De ne pas prévoir assez : carences, affaiblissement et fringales à la clé.

Être sous-alimentée ne réglera pas votre problème de poids, au contraire : plus votre corps souffrira, plus vous aurez faim, donc plus vous mangerez, et vous grossirez.
Aussi, ne décidez pas de maigrir toute seule dans votre coin, faites-vous aider par un médecin nutritionniste dont c'est la spécialité. Vous avez un capital santé, préservez-le ! Laissez-vous guider par des professionnels, c'est essentiel pour bien réussir et maintenir le poids. Nous avons toutes, à un moment donné, fait n'importe quoi… Alors stop à la maltraitance de votre corps !

Règle n°13

Jamais sans mon **petit déjeuner** !

À ceux qui croient que le fait de ne pas prendre de petit déjeuner leur permet une économie de calories, je dis non ! Vous pensez ne pas avoir besoin de manger le matin, peut-être n'avez-vous pas faim, mais je vous assure que petit-déjeuner est essentiel pour la perte de poids.

Comment le fait de manger le matin aiderait à perdre du poids ? Je me suis rendu compte qu'en prenant un petit déjeuner équilibré, **c'est mon appétit de la journée entière qui est régulé.** Pas de fringale à 11 heures ni à 17 heures, c'est fou !

Si vous n'aimez pas manger le matin, il n'est pas indispensable de vous préparer des œufs et du bacon au saut du lit ! Vous avez 2 heures pour prendre votre petit déjeuner après votre réveil. Je vous propose donc d'anticiper : prévoyez une petite collation du matin que vous prendrez avec vous à consommer dans les transports ou au travail. Elle vous permettra d'être moins affamée à midi et, comme par enchantement, vous verrez qu'à 17 heures, les fringales seront moins présentes.

Au réveil, tout est permis !

Profitez du petit déjeuner pour consommer les aliments caloriques que vous affectionnez particulièrement : vous aurez toute la journée pour éliminer ! Perso, le matin, j'opte pour du salé.

Faites le plein d'acides gras essentiels et de protéines le matin, cela aura un effet dopant et vous donnera une pêche d'enfer !

Règle n°14

Je ne sors **jamais sans ma gaine**, ainsi je mange moins

Ma devise, quand je sors dîner, c'est de choisir la tenue adaptée. Pour moi, la gaine et le collant gainant sont les accessoires parfaits d'une soirée sans excès. (Les gaines, ça existe aussi pour les hommes !)

Laissez-moi vous raconter une petite anecdote. Un après-midi précédant un cocktail avec des amis, j'ai filé en urgence acheter un collant ventre plat pour améliorer ma silhouette dans ma nouvelle robe. Très pressée et en retard, je ne me suis rendu compte qu'une fois rentrée chez moi que j'avais acheté la taille en dessous de celle que je prends habituellement ! Ni une ni deux, je parviens à me glisser dans le collant, mais les 4 cm trop courts entre le collant et la culotte (les femmes se reconnaîtront sûrement ici) m'ont gênée toute la soirée ! Entre ça et la texture du renfort ventre plat, j'ai vécu un inconfort mémorable ! **Le point positif, c'est que je n'ai rien mangé !** J'osais à peine bouger tant je craignais de voir le collant rouler jusqu'à mes pieds. Sacrée soirée !

C'est ainsi que l'idée de la gaine m'est venue, et franchement, c'est efficace. Bien plus confortable qu'un collant trop petit, elle permet tout de même d'être raisonnable. Une journée entière, peut-être pas, mais quelques heures, je valide ! Dans un moment comme celui-là, je suis déterminée !

Tenues appropriées en soirée (girls' corner)

Pas terrible...	**Mon trousseau secret**
Les leggins qui me rendent grosse. La jupe gitane à élastique qui me tasse. La robe pull qui me boudine. Le survêtement qui me rend trop décontractée. La robe de femme enceinte me rend gourmande pour deux.	☑ La jupe en jeans, en cuir ou en daim qui ne se détend pas pour me rappeler les limites à respecter. ☑ Une robe près du corps et structurée pour que je garde le ventre rentré. ☑ Une gaine, un collant ventre plat pour manger moins.
	Mais aussi
	☑ Des talons hauts pour élancer ma silhouette. ☑ Des couleurs adaptées à mon teint pour me donner bonne mine. ☑ Des accessoires pour égayer ma tenue.

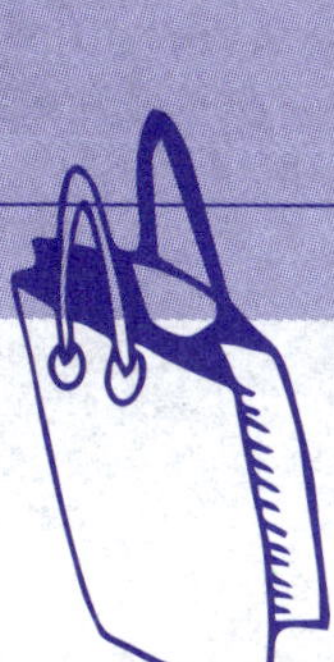

Règle n°15

Je fais des **squats** plutôt que de squatter le canapé

La nourriture, c'est un peu notre carburant. Si vous faites le plein de votre voiture, ce n'est pas pour la laisser au garage. L'objectif, c'est qu'elle roule. Alors en avant toute !

C'est indéniable, je n'aurai jamais les fesses dont je rêve si je me cantonne à mes pantoufles et si je ne bouge pas. Je me suis bien rendu compte que le sport avait mis un coup de turbo à mes dépenses énergétiques. Du coup, un repas entre amis ne me fait pas peur.

Estimez-vous la chance incroyable de pouvoir bouger, sauter, courir, marcher, danser, jouer ? Certaines en rêveraient et d'autres n'en profitent même pas. C'est un réel gâchis !

Le squat

Le squat est un exercice musculaire idéal pour travailler le bas du corps ! Vous connaissez certainement ce geste de flexion vieux comme le monde, mais si ce n'est pas le cas, jetez un œil aux cours en ligne pour avoir un fessier d'acier !

L'idée, c'est d'utiliser son survêtement pour bouger et non pour traîner sur le canapé. Après tout, c'est pour cela qu'il a été conçu, non ? Le sport, la dépense physique ! Si on n'est pas sportives, soyons au moins actives, dans le mouvement.

Vous n'avez pas besoin de courir un marathon chaque jour, mais prenez de bonnes habitudes au quotidien : préférez les escaliers aux ascenseurs, prenez le vélo plutôt que la voiture ou encore, dans les transports en commun, sortez une ou deux stations avant pour marcher un peu à l'air libre. **Marcher 2 fois 15 minutes dans la journée,** c'est à la fois peu de chose et essentiel à votre bien-être et au lâcher prise ! Alors on se réveille !

Règle n°16

Faire ou ne pas faire son **coming out**...

Le dire ou ne pas le dire ? Telle est la question. Il y a toujours un moment où on se demande s'il faut partager ses bonnes résolutions avec ses amis ou non. Le secret, c'est de choisir ses complices.

Quand on est invitée à dîner, il est toujours compliqué de dire à son hôte qu'on est au régime. En effet, cela représente une contrainte pour lui, mais cela a aussi des conséquences pour vous ! Vous aurez probablement droit à un menu à part dénué de couleur et de saveur.

Votre poisson bouilli accompagné de haricots vapeur déteint par rapport aux parts de lasagnes copieuses des autres convives. Et si, par malheur, vous osez tendre le bras vers quelque chose qui donnerait un peu de goût à votre plat, fromage, sauce, sel... vous aurez certainement droit au fameux : « Mais tu n'es pas au régime, toi ? » Merci du soutien ! D'ailleurs, votre régime actuel et les précédents qui ont échoué seront certainement les principaux sujets de conversation de la soirée !

Il y a des gens qui ne connaissent pas le juste milieu.
Cela ne part pas d'une mauvaise intention, ils ne veulent pas ruiner vos efforts ou vos espoirs. Ils ne veulent surtout pas que vous craquiez chez eux et que vous puissiez leur reprocher votre échec. Ce genre d'attitude vous incite plutôt à ne pas en parler. Décider, une fois chez ses amis, de ne pas parler de son régime est extrêmement compliqué.

Je vous conseille d'anticiper les problèmes et d'adapter votre comportement pour vous sentir plus fort à l'instant T. Lutter contre la tentation à la vue et à l'odeur des bons petits plats, à l'ambiance conviviale… La tentation est parfois très forte, mais vous voulez maigrir oui ou non ? Alors prenez cette soirée comme un défi. Mangez ce que vous préférez et laissez le reste.

Alors, finalement, que faire ?

Le dire ou pas dépendra des personnes qui vous entourent : partagez votre décision avec ceux qui seront les moteurs de votre amaigrissement, mais ne mettez pas les autres dans la confidence. Rien ne doit venir perturber votre motivation.

Règle n°17

Je cherche les **failles** dans mon quotidien

On a toutes vécu l'alternance infernale entre « je mange trop » et « je ne mange plus ». Quelle est la véritable cause de ces réactions ?

Parfois, le problème qui vous empêche d'atteindre votre équilibre est autour de vous ou dans votre attitude. Alors, à quel niveau* se trouve votre faille ?

Environnement **(où je suis).** Votre environnement, c'est votre quotidien, votre entourage familial et professionnel. Demandez-vous : quelles situations me font craquer ? Qu'est-ce qui me tire vers le bas ? Mettez un terme aux habitudes néfastes, car vous aurez de bien meilleurs résultats dans un environnement positif. Vous picorez les restes du goûter que les enfants ont laissés sur la table ? Dites-le-leur, exprimez vos difficultés : ils vous aideront. Faites du rangement dans vos placards, votre frigo, ne laissez pas traîner les aliments à risque et vous aurez déjà fait un grand pas.

Comportement **(ce que je fais).** Votre comportement est lié à ce que vous voulez vraiment. Êtes-vous certaine de vouloir maigrir, alors que vos actes disent le contraire ? Ne commencez qu'après avoir répondu honnêtement. Il m'arrive de déraper, mais je ne garde jamais un comportement alimentaire malsain longtemps, car c'est mauvais pour moi. Au départ, c'est facile, on est motivée, mais quand on doute, les difficultés s'installent. Alors soyez dans l'action : lancez-vous des défis à votre portée. Si vous avez du mal à boire, ne vous engagez pas à boire 2 litres d'eau le lendemain, mais 2 verres puis augmentez les doses. Chaque succès vous donnera confiance, courage et redorera votre estime de vous-même.

Capacité **(ce que je peux).** Je ne mettais en place que des actions assez faciles pour être réalisables, mais suffisamment difficiles pour me stimuler. Par contre, je faisais souvent des compromis : si je n'arrivais pas de telle manière, je mettais en place telle stratégie plus simple et efficace. J'avais toujours un plan B. Par exemple, plutôt que de ne rien manger quand je suis invitée, je bois une soupe avant de partir : j'ai moins faim et peux donc me concentrer sur les mets qui me font vraiment envie, sans excès.

Si vous avez trouvé votre faille, sachez que vous pourrez mettre en place des actions fermes et efficaces, ce qui ne sera pas le cas si la faille est plus profonde car celle-ci nécessitera un véritable travail sur soi (voir pp. 40-41).

* Inspiré des niveaux logiques utilisés en coaching.

Règle n°18

Je cherche les **failles** liées à mon identité

Parfois, les problèmes dépassent l'environnement et les habitudes. La faille est alors plus profonde et difficile à détecter.

Croyances **(ce que je crois).** Trêve d'idées reçues. Vos attitudes reposent sur ce que vous croyez, donc vérifiez vos sources et surtout croyez en vous. Si je ne me crois pas capable, je passerai mon temps à m'auto-saboter par des attitudes négatives (grignotage, craquage, laisser-aller…). OUI, vous y arriverez. Entraînez votre mental pour avoir la bonne attitude, soyez patiente et mettez en place votre routine de winner. C'est un beau cadeau que vous vous faites, je ne le répéterai jamais assez.

Identité **(ce que je suis).** Est-ce que maigrir m'apportera le bien-être et le bonheur que je recherche ? Ce n'est pas certain. En effet, votre petit bidon, c'est votre histoire. Ne lui en voulez pas. Beaucoup sont minces et malheureuses, le physique ne règle pas tout. Je préfère que vous soyez bien dans votre tête plutôt que mince et insatisfaite. Acceptez-vous dès maintenant et valorisez-vous, les kilos n'affectent en rien la belle personne que vous êtes. Vos défauts, vos qualités et vos valeurs vous rendent unique. Ne vous maltraitez pas en vous disant que vous êtes grosse, moche, trop petite, trop grande… Vous valez beaucoup mieux que ça !

Sens **(où je vais).** En quoi maigrir est important pour moi ? Qu'est-ce qui me motive dans ce projet ? Pourquoi sortir de ma zone de confort semble indispensable ? Pour information, c'est dans cette zone de confort que vous avez grossi : il est temps de la quitter. L'inconfort est, par définition, désagréable, peu rassurant, mais il est indispensable pour grandir et changer. Ayez le courage de vous concentrer sur votre objectif sans rien lâcher, vous n'aurez plus peur. Donnez un sens à ce besoin de maigrir qui vous colle à la peau.

En trouvant l'origine de votre faille, vous aurez accompli le plus gros. Maintenant, il ne vous reste plus qu'à y travailler pour vous sentir mieux.

Petit exercice indispensable

Demandez à 10 personnes de votre entourage, par SMS ou e-mail, de vous écrire 3 qualités qu'ils estiment incontournables chez vous. Cet exercice est des plus magiques. Il rebooste l'estime de soi, c'est incroyable !

Règle n°19

Je mastique **8 fois chaque bouchée** au minimum

Vous croyez que je ne vous ai pas vue ? À peine avez-vous retiré la fourchette de votre bouche qu'elle est déjà retournée dans l'assiette, a attrapé tout ce qui se trouvait sur son passage et est revenue sous votre nez. Il n'y a pas le feu !

Au début de mon amaigrissement, je ne voyais pas l'intérêt de prendre autant de temps à mâcher. Ce conseil revenait souvent, mais cela me paraissait long et difficile… C'est un réflexe que je n'avais pas et qui m'a demandé des efforts. Mais j'ai pris conscience que, pour tenir sur la journée et manger en moins grande quantité, il me fallait mâcher.

Je sais ce que vous allez me dire : les vaches ruminent beaucoup et, pourtant, elles ne sont pas particulièrement minces ! Oui, bon, l'exception qui confirme la règle… Mais elles ont tout de même une mâchoire extrêmement puissante, qui vaut bien le temps qu'elles passent à s'entraîner ! En effet, **mâcher est un exercice musculaire important** qui permet même de brûler des calories (eh oui, on dépense des calories en mangeant et durant la digestion, ce n'est pas beau ça ?) Donc, raison de plus de s'y mettre.

Certains m'ont dit de mastiquer 33 fois, d'autres 20… Pour ma part, j'ai testé les deux ! Avec la règle des 33 fois, j'ai obtenu des aliments liquides en bouche et une mâchoire à la Schwarzenegger. Quant aux 20 fois, elles sont assez longues à compter. *Verdict : mon idéal est 8 fois, chiffre convenable et facile à mettre en place !*

En mastiquant au moins 8 fois chaque bouchée, non seulement la satiété arrive plus tôt, mais les effets des nutriments sont optimisés. Eh oui, l'estomac n'a pas de dents, il est là pour mélanger ! Alors, on mâche !

À savoir

Manger lentement permet de diminuer de 25 % sa ration.

Règle n°20

Le jeu des 5 « pourquoi ? »

Le petit mot essentiel pour donner un sens à votre amaigrissement est « pourquoi ? » Cet adverbe interrogatif vaut de l'or, car il interroge à la fois sur la cause et le but.

Saviez-vous que la phase des « pourquoi ? » permet à l'enfant de développer son raisonnement et sa curiosité, deux qualités qui vont construire sa personnalité ? Alors adoptons également cette curiosité pour maigrir et maintenir son poids.

Je vous ai déjà parlé de l'importance du sens que l'on donne à son amaigrissement et des objectifs que l'on se fixe. Vous avez pu constater les diverses raisons à l'origine de cette volonté de changement : problèmes de santé, beauté, conjoint (pas forcément la meilleure !), et une fois l'objectif atteint, la reprise de poids est très souvent au rendez-vous.

Comment ai-je fait pour ne pas regrossir après avoir perdu mes 35 kg ? **J'ai trouvé MA RÉPONSE à la question « pourquoi je veux maigrir et rester mince » :** me sentir bien, en forme, manger sainement, ne plus être fatiguée.

Pourquoi est-ce si important ? Vous ne sortez pas de chez vous sans raison, vous ne prenez pas votre voiture sans savoir où aller, vous ne faites pas un numéro de téléphone sans motif. Même quand vous achetez un vêtement ou des chaussures dont vous n'avez pas besoin, la raison est là : vous faire plaisir ! Alors, vous aussi, répondez aux 5 « pourquoi » pour connaître le sens profond de votre décision et vous y raccrocher.

Principe des 5 « pourquoi »

Posez-vous la question (type « pourquoi je veux maigrir ? ») et répondez-y. À chaque réponse que vous donnerez, redemandez-vous pourquoi. Lorsque vous arriverez au cinquième pourquoi, en principe, la raison est la bonne. Exemple :

1. **Pourquoi je veux maigrir ?** Parce que je me trouve trop grosse.
2. **Pourquoi je me trouve trop grosse ?** Parce que je suis clairement en surpoids et je ne l'accepte pas.
3. **Pourquoi je ne l'accepte pas ?** Parce que je ne veux pas l'accepter, je veux changer.
4. **Pourquoi je veux changer ?** Parce que je ne me sens pas bien dans ma peau.
5. **Pourquoi je ne me sens pas bien dans ma peau ?** Parce que mon poids m'a fait perdre toute confiance et estime envers moi-même. BINGO !

Un travail sur l'estime de soi est la clé pour réussir (voir p. 84).

Règle n°21

Je mange pour **une** personne

C'est la base de tout amaigrissement ! Il y a des portions à respecter pour donner à son corps juste ce dont il a besoin pour fonctionner. C'est valable aussi pour les hommes !

Quand on cuisine chez soi, personne n'est là pour contrôler les quantités et vous donner juste la portion dont vous avez besoin. Alors vous vous servez… Une fois, deux fois, trois fois… Comme vous aviez faim, vous avez préparé un plat gargantuesque, et tant qu'il y en a, vous mangez !

Il ne vous viendrait pas à l'idée de commander deux plats au restaurant pour vous tout seul ? Eh bien, là, c'est pareil. Les cuisiniers savent généralement quelle quantité doit suffire à une personne. Ils sont plus ou moins généreux, mais la différence reste minime. Si l'assiette qu'on vous sert au restaurant vous semble ridicule, c'est peut-être le moment de remettre en question les portions auxquelles vous êtes habituée.

Pendant des années, j'ai mangé pour quatre et j'ai pris 35 kg. Aujourd'hui, je mange pour une personne et, quand je me sers à la maison, je visualise le plat qu'on me servirait au restaurant. Depuis, j'ai maigri et, en plus, je fais de sacrées économies !

Règle n°22

Je n'ai plus **peur de l'échec**

Oui, je sais ce que vous vous dites au plus profond de vous-même : « Ça fait trop longtemps que je les traîne, ces kilos, les régimes n'ont jamais marché, peut-être que ma nature, c'est d'être grosse… »

Alors là, c'est le début de la fin ! Vous vous entendez ? À force d'avoir peur de l'échec, on ne réussit jamais rien. Pire : on n'essaie même pas d'atteindre son but. Vous savez, toutes les phrases que vous vous répétez, même si ce n'est que dans votre tête, influencent votre vie. Si vous ne croyez pas en votre succès, personne ne le fera pour vous.

La peur de l'échec empêche d'avancer, c'est un fait.
Pour vaincre cette peur, posez-vous d'abord cette question : « Au pire, si je ne parviens pas à perdre le poids que je veux, que se passera-t-il ? » Au pire, vous ne maigrirez pas… Est-ce qu'il y a de quoi être effrayée ? Je ne le pense pas.

Faites-vous confiance et surtout partez gagnante. C'est comme dans un entretien d'embauche, comment voulez-vous que les recruteurs aient confiance en vous si vous-même ne faites pas l'effort de croire en vos capacités ?

Quand vous vous rendrez compte que vous avez plus à y gagner qu'à y perdre, vous pourrez commencer les choses sérieuses. Ce n'est facile pour personne, je vous rassure ! Moi, je ne vous dis qu'une chose : foncez !

Règle n°23

Je continue d'avoir une **vie sociale**

Comment faire pour recevoir quand on est au régime ? Vous pensez que vous avez le choix entre faire un repas ultra light et un repas gras qui vous fera craquer… Mais il y a une autre option.

J'aime bien recevoir ! Je me plie en quatre pour le bien-être de mes invités, j'organise, je prépare. J'ai aussi quelques règles pour éviter de laisser tomber tous les principes du régime en une soirée.

D'abord, je n'oublie jamais d'équilibrer mon menu, même pour mes invités. Les légumes peuvent être délicieux en gratin, en tarte, en verrine… Les recettes ne manquent pas pour veiller au bien-être des convives (ils vous remercieront de leur avoir cuisiné de si bons légumes !). Et, pour ceux qui aiment assaisonner, je dispose tout sur la table : sauce, beurre, gruyère râpé, jus de viande… Chacun fait comme il veut, et moi, je peux manger sans culpabiliser !

Ma deuxième astuce est l'eau gazeuse ! Elle me coupe un peu l'appétit et elle me détourne un peu du vin qui est dans l'autre verre. En effet, quand je dresse la table pour mes invités, je mets toujours deux verres : un pour l'eau, un pour le vin. La soif se règle avec l'eau et le plaisir avec le vin. Du coup, on boit moins de vin : on évite un test d'alcoolémie positif et on prend beaucoup moins de calories !

J'anticipe aussi ma gourmandise avec des parts moins grasses et moins grandes. Je mets des petits pains individuels. Au dessert, une farandole de petites gourmandises. On a l'impression de jouer à la dînette ! Grâce à cela : ni frustration ni excès !

Dans le même esprit, je sers à l'assiette : je remplis les assiettes des invités et, dans la mienne, je mets ce que je veux. Les invités sont heureux de ne pas tomber sur l'assiette la moins garnie.

Vous pouvez être certaine qu'avec ces petites astuces, vos invités repartiront repus et satisfaits ! Vous n'avez plus d'excuse, alors aux fourneaux !

Défi

Je me prouve, ainsi qu'aux autres, qu'on peut se régaler en mangeant sainement, sans excès.

Règle n°24

Je privilégie mon **poids de forme**

Je vous avoue que, si je me comparais à d'autres filles, je perdrais encore une petite dizaine de kilos… mais NON ! À un moment, il faut réussir à s'accepter.

Il est très difficile de conserver son poids rêvé sur le long terme, surtout quand ce dernier n'est pas adapté à votre morphologie. On ne se lève pas un beau matin en se disant : « Je veux faire 50 kg. » L'important est de se sentir mieux qu'avant et de savoir ce qui est bon pour VOUS.

Faire tant d'efforts pour, finalement, ne pas maintenir son poids sur le long terme, ce n'est pas pour moi. D'où le danger des régimes rapides et draconiens. Combien en avez-vous fait depuis quelques années ? Six ? Dix ? Quinze ? Et où en êtes-vous ? Vous avez trouvé et maintenu votre poids idéal ? Vous sentez-vous mieux ou pire qu'avant ?

Ne vous comparez pas aux autres. Il y a de tout dans la nature… et surtout des injustices ! Oui, on connaît tous une personne qui mange comme un ogre, mais ne grossit jamais. On a tous des amis qui n'ont jamais faim et qui ne connaissent pas la gourmandise (chanceux…). Mais voilà, c'est la vie et nous ne sommes pas tous égaux ! C'est comme la prétendue égalité homme/femme. Foutaise ! Primo, les hommes maigrissent plus vite que les femmes. Deuzio, une femme avec 10 kg en trop est dite « grosse » tandis qu'un homme sera simplement « fort », presque rassurant.

Donc oui, la vie est injuste. Et après ? Peut-être que cette épreuve vous rendra plus forte et tenace que celle qui mange sans prendre un gramme et que vous aurez plus de plaisir que celle qui est complètement indifférente à la nourriture ? Acceptez-vous, avec votre facilité à prendre du poids, c'est la première étape du processus !

Le but est donc de trouver votre poids de forme, celui qui correspond à votre morphologie, votre bien-être et que vous pourrez conserver sans trop de difficultés après votre régime (avec une alimentation saine, bien sûr). Alors, c'est parti !

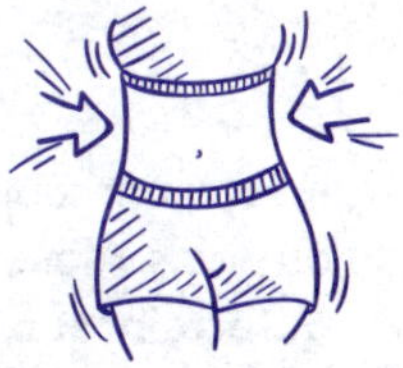

Les signes qui montrent que je ne suis pas à mon poids de forme

- ☑ Je suis toujours fatiguée.
- ☑ Je m'essouffle facilement.
- ☑ J'ai des douleurs.
- ☑ Je transpire beaucoup.

...

Règle n°25

Je veux **sortir du lot**

Comment faire pour réussir là où tant d'autres ont échoué ? À quoi cela tient-il ?

Nous avons toutes plus ou moins les mêmes méthodes pour perdre du poids. **Alors, qu'est-ce qui fait la différence entre la personne qui atteint son objectif final et celle qui n'y parviendra jamais ?** Je me suis souvent posé ces questions : « Comment ai-je réussi ? Où ai-je trouvé la force ? » C'est quand même pas rien 35 kg !

Au fil des mois, j'ai beaucoup appris sur la marche à suivre pour maigrir. Il me suffisait d'appliquer une méthode aux règles simples, et globalement, le résultat était là : je maigrissais. Cela aurait-il suffi pour réussir à maigrir et rester mince sur le long terme ? Peut-être… Mais je doute que l'application scrupuleuse d'une méthode suffise pour stabiliser son poids : il faut aussi évoluer.

En plus de la méthode, mon attitude, mon regard, ma façon de penser et d'être devaient aussi changer. Une petite voix me disait : « Anna, ÉCOUTE-TOI et reste toi-même. Vis le présent et libère-toi de ton ego (celui qui veut en mettre plein la vue aux autres et qui s'oublie). » Je ne l'ai pas compris tout de suite, c'est en faisant un gros travail sur moi en tant que coach en développement personnel que je suis parvenue à cette conclusion essentielle. Je suis gourmande, et alors, c'est mon droit. Vous aussi, sûrement !

Ce qui fait la différence, ce sont les résolutions que l'on garde sur la durée. Si on attend juste la fin de son régime pour reprendre son train de vie « normal » (d'avant), c'est perdu d'avance. Le secret est de ne pas considérer cette période comme une période de restriction, mais comme une période de transition où l'on adoptera des changements et des habitudes faciles à conserver sur la durée.

D'où l'importance de ne pas avoir un régime trop strict et contraignant dont on ne souhaite que sortir ! Oubliez les efforts surhumains, choisissez de petites actions qui vous permettront de réussir et de grandir sans chambouler votre vie.

Il est également essentiel de se sentir prête à changer et d'y croire. Sinon, ce n'est même pas la peine de commencer.

Règle n°26

J'arrête de **croire tout** ce qu'on me dit

Quand je me replonge dans mes souvenirs de gamine et d'adolescente, j'ai comme la nette impression d'avoir toujours été au régime. J'entends encore les conseils plus ou moins avisés de mon entourage.

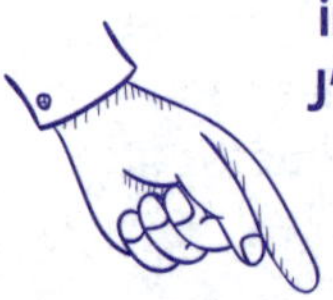

« Tu devrais… Je crois que… Faut faire ça… et surtout pas ça… Je te dis que… Crois-moi, c'est comme ça… Pour maigrir arrête de manger… Faut quitter la table en ayant faim… Fais que du sport… Ne mange plus de fromage… Arrête les féculents… » Toutes ces affirmations de nos proches (ou de nous-mêmes) font leur chemin en nous, tant et si bien qu'on se les approprie et qu'on les partage à notre tour : c'est l'effet ricochet.

Tous ces nombreux conseils contradictoires ne m'ont jamais aidée, car ils sont souvent fondés sur des idées reçues à balayer d'un revers de main. Le problème, c'est que ces informations inutiles finissent par s'inscrire dans notre disque dur (le cerveau) et nous empêchent d'avancer.

Commencez alors par oublier tout ce que vous savez, ou plutôt croyez savoir. À 50 ans, on ne maigrit plus ? Ben voyons ! Quand on maigrit, on regrossit aussitôt ? Elle est pas mal, celle-là ! Il ne faut manger que de la soupe ? T'en as d'autres, des bons conseils comme ceux-là ? L'idée est de transformer ces croyances limitantes en croyances boostantes pour y puiser de la force. Alors, faites le tri pour vous ouvrir un champ des possibles extraordinaire et ne conservez que vos croyances ressources.

Exemples de croyances :

Croyance ressource : j'ai de la chance.
Celle-ci m'ouvre des portes, m'accompagne au quotidien et elle déteint de façon positive sur mon entourage. Donc, je la garde !

Croyance neutre : je crois que ma petite robe rouge se marie très bien avec mes chaussures blanches. Cela n'engage que moi et n'a pas d'incidence négative sur ma vie.

Croyance limitante : je crois que, pour maigrir, je ne dois pas manger de féculents. J'y ai vraiment cru et ça a été un véritable cauchemar ! J'avais toujours faim et je craquais sans arrêt. Comme je ne maigrissais pas, j'ai décidé de tester un régime avec les féculents et je les ai intégrés raisonnablement dans mes menus et, miracle, j'étais libérée, rassasiée, en forme... et j'ai maigri.

Alors, ne laissez personne vous dire ce qui est mieux pour vous, vous le savez déjà. Suivez votre intuition.

Règle n°27

Je me fais **plaisir** en cuisinant

Ah, cuisiner… Toute une aventure ! Surtout quand on a un mal fou à s'organiser… Eh bien, il va tout de même falloir mettre « la main à la pâte ».

Vous y êtes. Vous ne pouvez (et ne devez) plus vous soustraire à ce moment crucial de votre amincissement : cuisiner ! Pas de panique, si vous recherchez des plats à la fois light et délicieux, et que vous manquez d'inspiration, mon livre de recettes *Les Recettes faciles et légères d'une ex-grosse* est fait pour vous !

Hors de question de perdre du poids dans un contexte de privation. Vous le savez peut-être, mais la perte s'accompagne d'un irrésistible besoin du corps de retrouver son poids. Ainsi, s'ils sont perdus dans de mauvaises conditions, vous aurez presque envie de retrouver vos kilos en trop ! Vous souhaitez gagner en confiance, en bien-être, en bonheur ? Alors concentrez-vous sur la partie du cerveau à satisfaire : celle du plaisir sain. (J'ai une équipe gagnante dans ma tête.)

Si vous cuisinez simplement, avec ce que vous aimez, le plaisir sera au rendez-vous et votre mental suivra. La réussite finale passe par là. « N'importe quoi Anna ! Moi, je peux me faire plaisir avec un coulommiers fondant et du bon pain ! J'ai réglé mon affaire sans cuisiner. » Ah oui, c'est ce que vous faites depuis des lustres, non ? Mais petite question : quelles sont les conséquences sur le moyen et long terme si vous persévérez dans ce sens ? Hum !

Prise de conscience ou pas ? Et puis je ne dis rien, mais niveau cholestérol, ça promet !

Je n'oublie jamais de me faire plaisir, car la frustration provoque l'abandon. Quand vous vous privez, vous n'avez en tête qu'un seul objectif : un résultat rapide. J'ai testé, c'est nul. J'ai toujours veillé à ce que le trio gagnant (légumes-féculents-protéines) soit présent dans mon assiette en y ajoutant ce petit quelque chose qui fait la différence : un bout de fromage, un carré de chocolat, un petit verre d'alcool de temps en temps… Ces petits riens améliorent le quotidien, ajoutent de la saveur au menu et me permettent d'être heureuse de manger et ravie après mon repas.

Jamais, pendant ma phase d'amaigrissement, je n'ai fait de repas insipides en me disant : « Courage, ma cocotte, tu vas maigrir… » Aujourd'hui, si j'avais agi ainsi, j'aurais sûrement regrossi et je serais en train de me détester. Pas question ! Je m'aime, je m'aime, je m'aime… (oh la fille, narcissique au possible !), et vous ?

Règle n°28

Je reste **ZEN**

Les inconvénients du stress, c'est qu'il favorise l'accumulation de gras au niveau du bidon (la bière aussi) et déclenche une énergie folle pour dévorer.

Pas des carottes ou du fenouil, non, mais des aliments bien plus riches en gras et en sucre ! Tout notre corps se sent en danger et, en réponse au stress, il déclenche en nous des envies irrépressibles de nourriture. Ce qui ouvre la porte aux excès alimentaires.

Il y a bien des solutions, mais avant tout, cherchez la source du stress : vous sentez-vous incomprise, victime d'injustice, avez-vous besoin d'être aimée, reconnue, valorisée… ?

Si vous arrivez à identifier ce que cache votre stress, vous irez mieux. Ne vous laissez pas décourager, vous pouvez réagir et agir sur vous-même ; vous êtes une championne, ce n'est pas le stress qui va vous mettre au tapis.

Ne vous comparez pas au vilain petit canard ni à Calimero, c'est trop injuste. Ne soyez pas la « grosse de service », avec tous les malheurs du monde. Vous avez du surpoids, et alors, ça va se régler ! Ce n'est pas pour cela qu'il faut se comporter comme si vous vous mettiez à table pour votre dernier Noël !

Mes recommandations

☑ Faire le plein d'endorphines pour éliminer le stress grâce à la marche, le sport en général. Désolée, les amies, il va falloir vraiment vous y mettre.

☑ Respirer ! Devenez adepte de la respiration audible et consciente : je me concentre sur l'inspiration (par le nez) et l'expiration (par la bouche). Et si vous arrivez à le faire en marchant, c'est de la bombe ! Connaissez-vous la cohérence cardiaque ? Sinon renseignez-vous !

Règle n°29

Les 4 saisons* de l'amaigrissement

Vous le savez sûrement, il y a différentes phases dans l'amaigrissement. Elles sont naturelles et prévisibles comme les saisons de l'année. Dans laquelle vous situez-vous ?

Phase 1 : Été

C'est le déclic : vous avez décidé de maigrir. L'envie est au rendez-vous. Vous êtes enthousiaste, motivée comme jamais, emballée, prête à tous les efforts du monde. Vous gérez les courses, le marché, les enfants, la cuisine, le boulot… vous mettez tout en place pour vous faciliter la vie et atteindre vos objectifs. Une vraie tornade ! Vous respirez la joie de vivre et avez un moral d'acier.

Phase 2 : Automne

Quelques semaines ont passé et le régime devient difficile. Vous êtes au début de la frustration, de l'épuisement, de l'énervement. Vous doutez de votre réussite, ne maigrissez pas aussi vite que prévu. Cela devient compliqué de rester motivée : la semaine, ça va encore mais les week-ends, c'est la cata. Vous y croyez sans plus…

Phase 3 : Hiver

Vous déprimez : cette phase dure souvent très longtemps. Votre corps ne maigrit plus, marre du palier, et vous vous découragez.

Vous abandonnez le régime le week-end ET la semaine. Vous n'y croyez plus et vous résignez à rester avec vos kilos. Vous n'êtes pas très honnête ni cohérente avec vos pensées, vos actes et vos paroles. Vous enchaînez les craquages et, à la fin de cette phase, vous reprenez tous vos kilos perdus avec un malus.

Phase 4 : Printemps

Prise de conscience. Vous avez compris ce qui était bon pour vous et décidez d'adopter un mode alimentaire adapté, qui vous convient, sans vous priver. Vous êtes apaisée, confiante, positive. Vous avez appris de vos erreurs et êtes à l'écoute de votre corps. Vous mettez en place des comportements cohérents et justes. Vous êtes dans le renouveau, une personne neuve. Vous organisez votre environnement (fini les barres chocolatées trônant au milieu de la table du salon), vous modifiez vos comportements en douceur (on mange pour une personne…). Vous vous sentez capable, chassez les croyances qui vous tiraient vers le bas (pour maigrir, il ne faut rien manger, arrêter les féculents…). Vous avez un but et vous vous aimez !

* Inspirées du modèle d'Hudson.

Règle n°30

Des **solutions** pour avancer

Maintenant que vous avez vu les phases théoriques, voici un peu de pratique pour faire le point, vous aider à comprendre les changements et surtout vous faire passer à l'étape supérieure si vous êtes bloquée dans l'une d'elles.

Entre les phases 1 et 2 **(déclic et démotivation),** je m'aperçois que maigrir, ce n'est pas si facile que ça, que j'avais sous-estimé les efforts à fournir. Même si je suis super motivée, je ne dois pas être pressée. Mon corps, je dois le ménager, sinon il s'affaiblit et le moral aussi. Je ne dois pas négliger le plaisir, je dois cuisiner, me faire plaisir pour vivre heureuse. Je travaille sur le savoir-faire (des tas de petites astuces que vous trouverez dans mon premier livre *Le Journal d'une ex-grosse*).

Entre les phases 2 et 3 **(démotivation et abandon),** rien ne va plus, je suis au fond du trou. Je suis frustrée, j'ai faim, j'engloutis, je ne crois plus en moi, j'accuse les autres de mon échec, je suis en colère contre moi et le monde entier. Je ne veux plus qu'on me parle de régime, je déteste les minces, je suis complètement découragée. Bref, j'abandonne. Je me déteste et me replie sur moi-même, je ne veux voir personne. C'est la déprime totale ! Le point positif, c'est qu'une phase comme celle-ci, aussi terrible soit-elle, me permettra de rebondir, car on grandit dans la douleur.

Entre la phase 3 et 4 **(abandon et renouveau)**, j'ai fait un travail sur moi, je suis en accord avec mes décisions et je ne maigris plus pour les autres, la mode, ou me faire des copines... mais pour MOI et mon bien-être. Je ne parle plus de régime, mais d'un mode de vie sain. Tout me fait plaisir et je me trouve enfin. Je sais pourquoi je veux maigrir, je me respecte. Je prends conscience que mes comportements du présent ont un impact sur mon futur.

C'est toujours plus facile de savoir comment lutter quand on comprend les mécanismes de son psychisme et qu'on se rend compte qu'après les phases les plus difficiles se trouve le succès. **Alors, accrochez-vous !**

Règle n°31

Je mange **des aliments qui croquent**

Vous avez certainement remarqué que les aliments mous avaient un pouvoir rassasiant assez réduit. La purée, la compote, les sandwichs au pain de mie… Ce n'est pas très satisfaisant pour la mâchoire qui en demande encore !

Comme je l'ai déjà dit, mâcher est un exercice musculaire complet qui prend du temps et brûle même des calories ! Plus on met de temps à manger, moins les portions ont besoin d'être importantes pour nous rassasier. Je suis certaine que vous pouvez manger une casserole entière de purée sans broncher, mais un kilo de carottes crues, c'est une autre histoire !

La sensation de satiété vient plus vite avec les aliments qui croquent et c'est pourquoi chacun de mes repas comprend un ou deux aliments crus. Oui, parce que, quand je parle d'aliments croquants, je pense aux carottes, radis, fenouil, chou-fleur…

Non pas que je sois un lapin (quoique, parfois, on peut se le demander), mais c'est essentiel pour moi de consommer ce genre d'aliments. Je les utilise aussi comme substituts aux grignotages salés ou sucrés pendant la préparation du repas. Ils remplissent surtout très bien mon assiette et mon estomac tout en étant colorés et peu caloriques.

Bon, on me dit souvent que je suis bruyante quand je mange… Mais essayez de manger une carotte silencieusement ! Tant pis pour le bruit !

Règle n°32

La **musique**, mon partenaire minceur et bien-être

Être en période d'amaigrissement ne veut pas dire qu'on doit faire une croix sur le fun ! Au contraire, il faut s'amuser pour oublier sa faim et se dépenser. Je monte le son et je me booste !

Qui n'a jamais ressenti un petit coup de mou dès le matin ? Être amorphe n'est bon ni pour le moral ni pour le régime (le grignotage étant souvent lié aux petits moments de déprime). Mon antidote : se réveiller en musique ! Le son à fond les ballons vous entraîne dans une énergie positive qui influera sur toute votre journée.

Avec un si bon départ, vous ne pourrez que prendre soin de vous ! Alors, une petite danse en se brossant les dents, un pas dynamique pour aller gaiement au travail, un déjeuner pas trop gras pour ne pas s'alourdir (il faut encore que je puisse valser quelques heures !), un dynamisme fou qui me fait oublier que le chocolat existe et la journée s'achève comme elle a commencé : avec légèreté et bonne humeur !

Tonique, vous dépenserez davantage de calories et vous vous sentirez bien, sans envie de grignotage parasite. Alors : réveil en mode mollasson déprimé ou réveil en mode tonique virevoltant ? À vous de choisir !

Règle n°33

Je **réorganise** mes priorités

Sortez une feuille et un stylo, contrôle surprise ! « Quel est le plus important pour moi, maigrir ou manger ? » Vous avez 1 heure !

Vouloir perdre du poids est un acte réfléchi, qui peut être raisonné en cas de coup dur et de baisse de motivation. C'est dans ces moments-là que vous devez faire le point pour poursuivre votre amincissement et réussir à rester mince.

Prenez une feuille de papier et dessinez deux bulles, une grande et une petite.

Dans la première, **notez vos priorités, c'est-à-dire les pensées, les paroles, les actes que vous cherchez à mettre en place chaque jour.** Par exemple : s'organiser – cuisiner sainement – faire les courses – anticiper les repas – faire des choix – bouger – avoir une alimentation variée – positiver – rester déterminée – être honnête envers moi-même – savoir dire non – manger lentement…

Dans la seconde bulle, **notez les pensées, paroles et actes qui freinent vos priorités,** mais qui, s'ils restent exceptionnels, vous permettent de tenir et de faciliter votre amaigrissement. Par exemple : grignoter – aller aux apéros des amis – boire de l'alcool – accepter les invitations – craquer – manger dans un fast-food – acheter des plats préparés au rayon traiteur – ne pas faire de sport…

Vous remarquerez, si l'amaigrissement est régulier, dynamique et motivant, que la bulle des priorités est bien plus importante que la seconde, que les habitudes se mettent en place sans susciter trop de résistances. C'est le signe que vous êtes cohérente avec vos pensées, vos paroles et vos actes. Par contre, si la seconde bulle reprend le dessus, cela signifie que la motivation n'est plus au rendez-vous et l'amaigrissement non plus. Alors, plus aucune cohérence n'existe entre ce que vous pensez, ce que vous dites et ce que vous faites.

Rappelez-vous de temps en temps quelles sont vos priorités et ne laissez pas votre appétit vous contrôler !

Petites astuces

☑ Mangez avec des baguettes chinoises, c'est « sakément » efficace pour manger lentement (sans compter chaque mastication). Vous engloutirez beaucoup moins !

☑ Avant le repas, faites-vous une boisson chaude plutôt que de grignoter le quignon du pain. Vous entamerez votre plat avec moins d'ardeur.

Règle n°34

Les phrases à **ignorer**

En parlant de notre poids à nos proches, on s'expose inévitablement à ce qu'ils nous donnent leur avis, pas toujours éclairé ! Que ce soit pour nous rassurer ou nous booster et pour qu'on se bouge un peu plus, ils disent parfois des choses qu'il vaut mieux ignorer.

1. *Votre mère :* **« Tu es incapable d'aller au bout d'un projet. »** Peut-être parce que, tout simplement, ce projet ne me plaît pas.

2. *Votre père :* **« Ma chérie, le surpoids, c'est de famille. Tu ne peux rien y faire. »** Si toute la famille a des problèmes de poids, c'est peut-être parce qu'elle perpétue de très mauvaises habitudes alimentaires. Si personne n'a encore eu le courage de faire bouger les choses, je veux bien être la première !

3. *Vos amis :* **« Tu ne seras jamais mince, c'est ta nature d'être ronde. »** Qu'est-ce que vous en savez ? Est-ce que vous avez des preuves de ce que vous avancez ?

4. *D'autres amis :* **« Encore un régime ? Ça ne marche jamais, tu devrais laisser tomber ! »** Merci du soutien ! Ce n'est pas parce que je n'ai pas réussi les autres fois que je n'y arriverai jamais !

5. *Vos collègues :* **« Je vous dis que les gros n'ont pas de volonté, un point c'est tout. »** Quel rapport entre le poids et la capacité à être volontaire ? J'en ai sûrement plus que vous, de la volonté…

6. *Votre conjoint :* **« Je t'aime comme tu es. »** Parce que tu ne m'aimeras plus le jour où je deviendrai une bombe ? J'en doute ! Et si c'est le cas, c'est que tu as peur que, moi, je te quitte.

Ces phrases dites en l'air par votre entourage s'inscrivent et restent en vous, et participent à l'image que vous vous faites de vous-même. Parfois, elles sont bienveillantes, mais comment se bouger quand on vous dit que : « Tu es bien comme tu es » ? Et si je veux être mieux ? Trop tard, cette phrase a fait son chemin dans votre tête, vous vous dites que, finalement, vous n'êtes pas si mal, et toute motivation de changement vous quitte. Ce serait une bonne chose… si vous ne vous sentiez pas de nouveau mal dans votre peau deux jours plus tard…

Dans la journée, vous passez sûrement 2 heures focalisée sur la galère de vos kilos en trop : 730 heures par an d'ondes négatives autour du sujet « poids » ! C'est énorme. Alors parlez-en, mais ne prenez de ces discussions que ce qui vous aidera à avancer. Je suis certaine que vous avez les capacités à faire de votre mieux. Votre courage, votre volonté, votre persévérance sont les meilleurs ennemis de l'échec.

Règle
n°35

Je respecte **mon corps** en lui donnant le meilleur

Je refuse de vivre en mode famine avec des régimes draconiens. C'est une association de « mal fêteurs » ! Comment voulez-vous être heureuse de vivre avec eux ?

J'ai été grosse parce que je mangeais beaucoup et mal. Je ne me suis jamais nourrie de fleurs et je n'ai jamais bu la sève des arbres pour vivre. Dommage… peut-être aurais-je été une vraie mince ? Mais, au final, que serais-je devenue ? Une plante verte ? J'aurais dû comprendre plus tôt qu'il fallait se nourrir intelligemment, avec plaisir et en faisant de bons choix. À l'époque, je n'ai pas pu, je n'ai pas su et je n'ai sûrement pas voulu. Aujourd'hui, j'ai compris beaucoup de choses sur moi, sur ma façon d'être et ma façon de faire.

J'ai besoin que mes papilles soient apaisées par la saveur des aliments. J'ai besoin d'être rassurée et d'éradiquer cette peur de manquer. J'ai besoin de me faire confiance et de croire en moi. NON, je ne suis pas une bête qui se jette sur tout ce qui se mange sans apprécier ! **NON, je ne veux plus manger sur le pouce, à la va-vite sans prendre soin de moi !**

Comment voulez-vous ressentir un bien-être général quand votre repas est composé de poisson et de légumes bouillis ? Certes, vous avez le droit d'aimer ce genre de menu, mais bon, soyons honnêtes, n'avez-vous pas hâte de recevoir une invitation à dîner ? En tout cas, moi, si ! Je vous assure que, si mes plats sont tristounets, à tous les coups, ça finit en buffet à volonté à la boulangerie de mon quartier. « Anna, vas-y, fais chauffer les tickets resto ! » Mon corps ne mérite-t-il pas beaucoup mieux ?

Alors parfumez vos plats, mélangez les couleurs pour faire de belles assiettes, variez les textures...
Préférez la qualité à la quantité, car vous méritez le meilleur.

Règle
n°36

Je ne me cache pas pour manger, **j'assume !**

Vite, vite, personne ne regarde. Je vais faire couler l'eau pour leur faire croire que je fais la vaisselle et je finis la carbo, ni vu ni connu ! Est-ce que ça a vraiment l'air d'être une bonne idée ?

Quand je dévore en cachette, je ne prends pas soin de moi. D'ailleurs, je me sens plus coupable que jamais ! J'ai l'impression de faire quelque chose de mal, de mentir aux autres et à moi-même. **Le but de cet amaigrissement n'est pas seulement que vous soyez plus mince, mais que vous vous sentiez mieux au niveau corps ET esprit.** Il s'agit de s'accepter tel qu'on est avec ses qualités et ses défauts (oui, c'est un package !).

Alors, encore une fois, faisons appel au bon sens : est-ce que manger secrètement est bénéfique pour l'estime de soi ? Est-ce qu'après l'avoir fait vous vous sentez bien ? Rassasiée ? C'est bien ce que je pensais… De toute façon, tout ce que vous mangerez secrètement se verra publiquement, parole de youtubeuse !

Alors dédramatisez, ce n'est pas grave si vous finissez le plat de temps en temps, et si votre conjoint ose l'infâme réflexion : « Mais t'es pas au régime, toi ? », dites-lui de se mêler de ce qui le regarde, que c'est votre corps et que vous faites ce que vous voulez.

Posez-vous la question : de qui vous cachez-vous ? De votre famille ? De vos amis ? Des commentaires désobligeants ? De vous-même ? En répondant honnêtement, vous mettrez le doigt sur l'une des sources de votre stress : le regard des autres, la peur de montrer qu'on n'y arrive pas, une motivation défaillante due au fait que ce régime n'était pas vraiment votre idée… Creusez profondément : arrêter de grignoter n'est jamais aussi simple qu'on le croit.

Règle n°37

Je fais une **pause de 4 heures** entre chaque repas

Celle-ci est une règle d'or massif : attendre au moins 4 heures avant de manger quoi que ce soit. Vous pouvez, bien entendu, boire (de l'eau !) durant cet intervalle.

Une pause s'impose après chaque repas ! Je patiente donc avant de remanger et, si je ressens une envie de grignoter, je bois de l'eau, je me fais une tisane, mais jamais je ne mange entre les repas principaux avant que ces 4 heures d'intervalle soient passées. C'est ma règle et elle fonctionne. Miracle, je grignote rarement.

Ce laps de temps est plus que raisonnable, **on n'a pas besoin de manger toutes les heures et notre corps non plus !** Il a déjà assez de travail avec la digestion du précédent repas ! Avec trois repas par jour et une collation saine à 16 heures, il est peu probable que vous mourriez de faim.

Mais, bien entendu, si vous venez me voir avec une petite douceur, je ne vous dirais pas non ! Je ne suis pas une sauvage, tout de même !

Le corps, une bien belle machine !

Le corps met environ 24 heures à digérer les aliments.
Ces derniers passent de 3 à 4 heures dans l'estomac, puis 6 à 7 heures dans l'intestin grêle pour que les nutriments soient bien assimilés.
C'est sur ce rythme que se cale notre consommation de nourriture : 8 heures, midi, 16 heures, 20 heures.
La vie est bien faite !

Règle n°38

Je repose mes couverts entre chaque bouchée

On a déjà vu qu'il fallait mâcher au minimum 8 fois chaque bouchée. Mais cela demande une certaine patience, et quand on a faim, on veut tout manger tout de suite ! Alors que faire ?

Vous vous êtes certainement rendu compte que, lorsque vous mangez vite, vous pourriez engloutir l'équivalent d'un éléphant en quelques secondes. Et après ? Après vous avez bien trop mangé, vous vous sentez mal, voire vous avez mal au ventre ! Ce comportement a donc des conséquences sur la ligne, la santé et le moral. **Objectif du jour : manger beaucoup plus lentement.**

Si vous gardez les couverts à la main, vous n'aurez de cesse d'enfourner, de vous remplir jusqu'à être aussi ronde qu'un ballon de baudruche. Le corps a besoin d'un peu de temps pour assimiler la nourriture, comprendre qu'il a eu ce dont il avait besoin et vous dire de poser la fourchette. Finalement, c'est lui qui est long à la détente ! Mais il ne s'agit pas de savoir à qui est la faute !

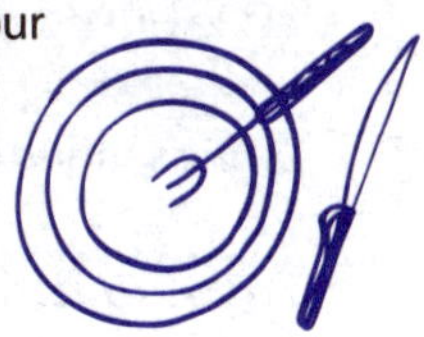

En reposant ses couverts, on prend davantage le temps de savourer, de mâcher. Prendre au minimum 20 minutes pour manger, c'est aussi prendre soin de soi !

Règle n°39

Je gère mon stress et suis devenue l'experte de *me** à *me**

Pour info, le stress est une sonnette d'alarme pour agir et répondre à un besoin urgent. Ce n'est pas une émotion : on l'appelle « sentiment de stress » seulement s'il dure plus longtemps qu'un flash.

Le stress, omniprésent chez certaines personnes, les dévore littéralement. Le sentiment de stress, c'est dans la tête, mais il se ressent souvent dans le ventre. Il se propage, tord les tripes et on pense s'en débarrasser en mangeant. C'est comme ça qu'on apaise les maux localisés dans l'estomac, non ?

Avant de commencer à engloutir, il est très important de vous demander : **qu'est-ce qui me met dans cet état de stress ?** Dans quel contexte ? Qu'est-ce je peux faire pour atténuer ce stress ? Quel est le but de mon stress ? Si c'est une sonnette d'alarme, de quoi veut-elle me prévenir ? De la fatigue ? D'un sentiment d'injustice ? D'un manque de respect ? Comment agir pour me sentir mieux ?

En vous questionnant, ou en vous faisant aider par un coach, vous trouverez plus facilement la réponse. J'ai peur de mal faire ; je suis débordée ; je ne peux rien dire ; c'est injuste ce que je subis ; personne ne m'aime ; c'est au-dessus de mes moyens ; je n'ai pas évalué les difficultés…

Ne fuyez pas, affrontez vos peurs et, même si la situation n'est pas comme vous la souhaiteriez, cherchez et trouvez le besoin qui se cache derrière le stress.

Il est peut-être temps de souffler ? Surtout rappelez-vous que manger n'est une bonne réaction que si vous avez faim. Alors soyez à l'écoute de votre stress et sachez faire la différence entre ses manifestations et la vraie faim.

* En anglais, *me* se prononce « mi » et signifie « moi ».

Prenez du temps pour vous

Consacrez 15 minutes par jour à votre bien-être en commençant par votre respiration. Comment ça, vous n'avez pas le temps pour respirer ? Pas étonnant que vous soyez stressée ! Vous ne perdez jamais votre temps à faire des choses pour vous, pour vous sentir bien dans votre tête et dans votre corps.
La respiration est devenue plus qu'un réflexe pour moi. Dès qu'une chose me chagrine, j'inspire par le nez en me disant : « Tu t'apportes du bonheur. » Et quand j'expire par la bouche, je me dis : « Tu partages du bonheur. » Ça MARCHE ! L'essayer, c'est l'adopter ! Rien que de s'asseoir pour méditer, rester quelques minutes assise, les yeux fermés, sans penser à rien, fait un bien fou ! Cela signifie que, pendant ce laps de temps, vous vous fermez aux tracas du quotidien et vous vous ouvrez aux ondes positives et à la relaxation.

Règle n°40

Mes **actions** du présent préparent mon futur

Ce que je fais aujourd'hui, ce comportement que j'ai maintenant, aura des conséquences sur mon futur. Donc, tout compte !

À chaque fois que j'étais sur le point de craquer, je me suis toujours posé la question : **qu'est-ce qui est plus important, mon envie de manger ou mon envie de maigrir ?** Chacune de mes décisions avait des conséquences sur mon futur proche.

Qu'est-ce que je veux vraiment ? Quand je souhaitais maigrir, mon comportement devait être cohérent avec ce souhait. J'avais le choix ! Vous l'avez aussi, soyez-en certaine. Si vous mangez 3 parts de gâteau pendant votre régime, êtes-vous en accord avec vous-même, êtes-vous cohérente ? J'en doute !

Si vous mettez des talons hauts, ou des mocassins, pour partir en randonnée, vous savez que vous aurez mal aux pieds. **C'est la même chose avec la nourriture. Si on adapte ses chaussures à son activité, pourquoi ne pas adapter ses envies à sa vie ?** Vous faites un choix : talons hauts ou chaussures de marche. Au cours d'un repas entre amis, mieux vaut choisir entre le fromage et le dessert, ou prendre les deux en moindre quantité et prendre un verre de vin au lieu de 3. Tout cela aura une incidence sur votre ligne.

Attention à l'effet « carte bleue »

Une tablette de chocolat, c'est 100 g. Ils n'apparaissent pas immédiatement sur la balance, mais 2 jours après, boum ! Ce sont 500 g en plus. C'est le fameux « effet carte bleue » : je consomme et je paie dans 2 jours... et je passe 15 jours pour rattraper ce soi-disant dérapage contrôlé ! Contrôlé, car vous n'avez pris « que » 100 g de chocolat ? Pour 20 g, OK, on est dans le contrôle ; 50 g, on est dans l'écart de régime ; avec 100 g, on est dans l'excès !

Je sais à quel point il est contraignant de penser à « l'après » alors qu'on en a tellement envie maintenant… Mais allez plus loin dans le futur et visualisez la personne que vous serez sans cette part de gâteau et celle que vous serez si vous vous laissez tenter. N'avez-vous pas un regain de motivation tout à coup ? Vos choix ont de la valeur et des conséquences sur ce que vous obtiendrez dans le futur (vous êtes une personne très importante !).

Bien sûr, si vous avez vraiment envie de ce morceau de comté et que la tarte vous fait de l'œil, ce n'est pas un drame ! L'éternelle condition est de ne pas en abuser, c'est tout !

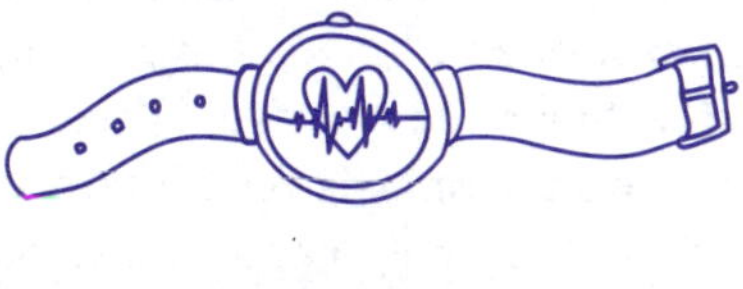

Règle n°41

Je consomme des **fruits frais** (et non fermentés !)

« Le vin est fait de raisin, le raisin est un fruit, donc le vin est un fruit. » Faux ! Trêve de syllogisme et place aux cinq fruits et légumes.

Vous savez combien les fruits sont importants dans l'équilibre alimentaire, il ne faut donc pas les négliger. Mais il est vrai aussi que trinquer avec une coupe remplie de myrtilles, ce n'est certainement pas votre truc… Vous préférez généralement une bonne liqueur bien sucrée.

Pour l'alcool, soyez dans la maîtrise et la modération (régime ou pas !). Un repas riche accompagné d'alcool n'a jamais fait bon ménage avec le régime. Qu'on se le dise : l'alcool, c'est du sucre ! Les calories sont d'ailleurs souvent proportionnelles au degré de la boisson : plus l'alcool est fort, plus il est calorique.

Bien entendu, je ne vous dis pas qu'il faut vous priver d'apéro pour le reste de votre vie ! Simplement, comme pour la nourriture, il faut trouver son équilibre. **Trois verres par semaine, par exemple, c'est raisonnable** (par contre, quand je dis « verre », je parle d'« unité », 1 verre de vin, c'est 15 cl et non 50 cl !). Vous verrez que le côté occasionnel de ces extras vous permettra, en plus d'atteindre votre objectif minceur, de vous sentir mieux et d'apprécier davantage chaque gorgée. ***Moins je bois, moins mon ventre se voit…***

Voici les calories des principaux fruits (pour 100 g de fruits frais).

Abricot	49,1	Kiwi	57,7
Airelles	25	Litchi	69
Ananas	52,6	Mangue	63,5
Banane	93,6	Melon	32,1
Canneberge fraîche	52	Mirabelle	61,8
Carambole	27,3	Mûre	45,4
Cassis	68,7	Myrtille	60,2
Cerise	70,8	Nectarine	42,6
Citron	34,3	Nèfle	55,7
Clémentine, mandarin	48,5	Orange	46,5
Coing	57,7	Pamplemousse	63
Figue fraîche	66,8	Papaye	43,3
Figue de Barbarie	54,7	Pastèque	34
Fraise	28,5	Pêche	54
Framboise	45,1	Poire	53
Fruit de la Passion	84,3	Pomelo	35,9
Goyave	40	Pomme	53,2
Grenade	71,1	Prune Reine-Claude	49
Groseille	50,9	Raisin blanc	70
Kaki	67,7	Raisin noir	62,1

Consommez sans modération (ou presque) !

Règle n°42

Je fais les bons choix **au restaurant**

Quand on mange chez soi, tout va bien, pas trop de complications en vue. Mais quand on va au restaurant en repas d'affaires ou famille, c'est une autre paire de manches…

Les repas au restaurant ne sont pas forcément à fuir, surtout si on y va en famille. Après tout, on a l'avantage de choisir ce qu'on mange et de ne pas être obligée de finir l'assiette de spaghettis à la carbonara bien grasse de nos hôtes. On peut choisir le poisson grillé, demander une salade avec la sauce à part…

Quand on est homme ou femme d'affaires, c'est un peu différent… On vit à 100 à l'heure entre son milieu professionnel et sa famille. Notre vie tourne autour du boulot, des contrats, des projets… Chaque jour est une nouvelle aventure : vous aimez ça, c'est votre adrénaline.

Parfois, c'est vous qu'on invite, et il est hors de question d'évoquer le mot de « régime », tabou dans le milieu des affaires : les gros contrats se règlent toujours autour d'une bonne table.

C'est une situation difficile, mais pas désespérée !

Ça commence dès le petit déjeuner : favorisez les laitages (vous n'en prendrez pas au restaurant), prenez du pain complet pour les fibres et hydratez-vous : eau et thé (votre dose de café, vous la boirez dans la journée).

Il y a également de petites astuces une fois sur place :

1. Choisissez vous-même le restaurant, dans lequel vous trouverez des plats qui vous conviennent (évitez les restaurants à spécialités savoyardes).

2. Choisissez à la carte plutôt que le menu : l'important, c'est de faire des choix, des choix et encore des choix. Et les bons !

3. Optez pour une grillade : ça sauve toujours.

4. Demandez systématiquement la sauce à part (c'est votre côté *Quand Harry rencontre Sally*) et un supplément de légumes avec vos féculents. Des frites ? Non, merci.

5. Commandez le vin au verre avec une eau pétillante ou plate.

6. Pour terminer : une salade de fruits, un fruit frais ou un fromage blanc avec coulis, et un café avec son petit chocolat.

7. Le menu le plus cher est souvent le plus léger. Si c'est votre « patron » qui régale, choisissez le homard, c'est light !

L'attitude régime incognito !

- ☑ Invitez vos clients à choisir en premier.
- ☑ Argumentez sur le choix de vos plats en avouant que votre week-end a été plutôt chargé, ils comprendront mieux votre attitude.
- ☑ Mangez très lentement : les autres auront fini et vous en aurez encore dans l'assiette.
- ☑ Buvez une gorgée d'eau entre chaque bouchée.

Règle n°43

L'estime de soi et la **confiance en soi**

Il paraît que 75 % des personnes manquent de confiance en eux. Et vous ? La confiance, c'est ce sentiment d'assurance et de sécurité à propos de soi. Êtes-vous certaine de pouvoir compter sur vous-même ?

Croire en soi est la meilleure façon de réussir son régime, ou plutôt sa phase d'amaigrissement. Si vous passez votre temps à vous dire que vous n'y arriverez jamais, surprise : vous n'y arriverez jamais !

Maintenant, je vous rassure, il est impossible d'avoir confiance en soi dans tous les domaines.

J'ai beaucoup d'assurance en ce qui concerne l'aide que je peux apporter aux autres et la parole en public. Mais demandez-moi de chanter pour un concert, ma confiance disparaît instantanément. La confiance se gagne avec l'apprentissage, le savoir, les expériences, les autres, avec de l'aide, de l'observation, et aussi en testant, en gérant ses émotions, en osant faire, dire, croire en ses capacités, en réussissant des étapes, en obtenant des résultats même minimes…

La confiance en soi, c'est la certitude de se donner les moyens de réussir. Je sais que je vais maigrir et atteindre mon objectif, car je suis certaine de faire mon maximum pour obtenir le résultat souhaité et personne ne me détournera de mon objectif. Cela sera encore plus vrai quand vous constaterez les premiers résultats.

Pour se reprendre en main, il faut oublier les « je ne peux pas, c'est trop dur, il y en a marre, je suis nulle, je me déteste » et j'en passe… Vous pensiez que serait facile ? Parti comme ça, ça risque d'être compliqué… À vous de rendre cette période agréable, souple, soyez dans une dynamique d'engagement, de renouveau… *Le passé avec son lot de déceptions est derrière vous.*

Vous pouvez y arriver, c'est tellement facile avec un peu d'organisation. Apprenez à prendre soin de vous parce que c'est bon pour vous et cela renforcera votre amour de vous-même, car aucun amour n'est suffisant pour combler le vide si vous ne vous aimez pas. Si on n'y arrive pas, c'est qu'on a peur, il faut mettre le doigt sur la cause pour aller de l'avant et dédramatiser.

En résumé

La motivation de maigrir, accompagnée d'engagements et de persévérance, aboutira à un sentiment d'efficacité et de fierté. C'est ainsi que l'on redore l'estime de soi et qu'on continue d'avancer.

Règle n°44

L'estime de soi et l'**amour de soi**

Comme la répétition est importante, je le dis encore : l'estime de soi est cruciale. La manière dont vous vous parlez affecte beaucoup cette estime.

L'idée n'est pas de commencer à s'aimer une fois mince, mais avant. **Car, si vous ne pensez pas valoir le coup de faire tous ces efforts, inutile d'attendre des résultats concluants.** Cela ne veut pas dire que vous devez devenir narcissique et égocentrique du jour au lendemain, mais prendre soin de vous, de votre bien-être et vous mettre simplement dans la tête que vous n'êtes pas si mal que ça.

« Évidemment, Anna, c'est ce qu'on fait ! » Ah oui ? Moi, j'en doute. Un exemple : qui ne s'est jamais cogné sur un coin de table en disant : « Mais quelle idiote ! » tellement la douleur était intense ? Qui n'a jamais oublié un document, une lettre, un rendez-vous important sans se traiter d'abruti ou pire ? Et vous appelez cela du respect ?

Est-ce que je m'aime en m'insultant de cette façon ? Ah bon, ce ne sont pas des insultes, ce n'est qu'une façon de parler ? Est-ce que vous accepteriez ces paroles venant d'un inconnu ? Je ne parle pas des proches, car je me suis aperçue qu'on accepte beaucoup d'insultes gratuites de la part de l'entourage amical, professionnel et familial sous couvert de l'humour. Aujourd'hui, j'ai beaucoup de mal avec ça, les mots ont de l'importance et leur sens reste.

Je n'accepte plus aucune forme d'insultes qu'elles viennent de moi ou des autres. D'ailleurs, dès que j'entends des personnes se dénigrer, cela me choque. Soyons plus gentils avec nous-mêmes. On ne mérite pas ces vilains mots. Se dire qu'on est trop grosse, trop petite, trop moche, trop ci trop ça… STOP ! Vous ne pouvez pas continuer à vous définir de manière si négative et à vous détester (oui, c'est à ce point-là). Ne pas s'aimer installe un doute sur notre droit à vivre heureux.

Louise L. Hay, écrivain américain, disait : « La vie te traite tel que tu te traites toi-même. » L'amour de soi commence par la prise de conscience. Vous n'êtes pas la dernière roue du carrosse. **PRO-TÉ-GEZ-VOUS**

Petit exercice

À chaque fois que vous vous dénigrerez, vous insulterez, vous maltraiterez, corrigez aussitôt le tir en modifiant votre façon de parler.

Par exemple : vous faites tomber un vase et la première chose qui vous vient c'est : « Quelle imbécile ! » Non, je ne suis pas une imbécile, je n'ai pas vu le vase sur la table.

Au boulot les amies… vous allez être étonnées du nombre de fois qu'il faudra vous reprendre (ça m'arrive encore et je travaille dessus depuis 2 ans).

Règle n°45

L'estime de soi : **se réconcilier** avec son image

Sachant que l'estime de soi est composée de l'amour de soi + la confiance en soi + l'image de soi, je ne pouvais pas omettre cette règle qui est de se réconcilier avec son image pour aller mieux.

Ce fut pour moi assez difficile, car j'ai longtemps eu un problème avec l'image que j'avais de moi. J'étais toujours en train de juger mon apparence de façon négative. En surpoids, j'avais un regard trop sévère sur mon physique, d'autant qu'à l'adolescence, je me comparais beaucoup à mes copines (dois-je préciser qu'elles avaient la taille mannequin ?). Ainsi, la satisfaction que j'avais de mon corps était très faible.

Je me voyais toujours énorme, je pensais être un tonneau. Je me sentais incapable de courir, de m'habiller comme mes amies, je croyais impossible d'avoir un petit copain (la honte, qui voudrait sortir avec une grosse ?), je ne sortais jamais en boum, alors que j'aurais adoré… J'inventais des excuses, je disais que mes parents ne voulaient pas que je sorte (ce qui était complètement faux). J'avais simplement peur qu'on se moque de moi…

Je ne croyais pas en moi, je ne me trouvais pas très intéressante, au final. J'ai dû apprendre à mettre en avant mes qualités, à accepter mes défauts, à connaître mes limites et mon potentiel. **J'ai surtout**

appris à accepter les compliments. J'avais toujours ce sentiment que la personne mentait, qu'il s'agissait d'une mauvaise blague. Alors, je répondais toujours par une note d'humour, un « pff » ou un rire pour tourner le compliment en dérision et me protéger au cas où il n'était pas sincère. Adolescente, j'ai même dit à un amoureux transit qu'il n'était pas du tout mon genre alors que j'étais raide dingue de lui.

Aujourd'hui, bien des choses ont changé, car on peut changer. Je prends chaque compliment comme un cadeau auquel je dis simplement merci. Quand je me regarde dans le miroir, tous les jours, je dis une chose que j'aime particulièrement à ce moment-là. J'ose les vêtements un peu plus près du corps. Je ne me fie pas toujours à mon regard qui me joue parfois de drôles de tours (plus on se sent laide, plus on le devient) et surtout, dès que je sens monter en moi une critique (non constructive), je la stoppe direct. Ça a marché pour moi, je suis sûre que ça marchera pour vous.

Pour booster votre regard sur vous-même

- ☑ Complimentez-vous : « Tu es trop bien, tu es tellement en forme, tu sens bon… »
- ☑ Ne fréquentez pas des personnes négatives ou dans la critique.
- ☑ Prenez soin de votre corps avec des crèmes hydratantes, des gommages…
- ☑ Écoutez-vous et n'acceptez pas ce qui ne vous convient pas ou ce qui vous déplaît.
- ☑ Faites une activité comme le théâtre, j'y ai appris à m'affirmer et me suis rendu compte que mes défauts n'avaient aucun impact sur mes valeurs.

Je me **brosse les dents** pour contrer le grignotage

Pour moi, le grignotage qui est le plus coriace, c'est celui du soir, et cette technique m'aide beaucoup à y résister. Je vous entends déjà : « Non mais quel rapport entre le brossage de dents et le grignotage ? »

Je ne sais pas vous, mais moi, 1 heure après avoir dîné, mon démon se réveille et j'engloutirais ma maison ! Face à ce problème, la tisane a été pour moi d'un grand secours… mais le brossage de dents a été une véritable révélation.

Pourquoi ? Parce que le brossage remplace les arrière-goûts présents dans votre bouche par une fraîcheur intense qui efface toute envie de nourriture. Vous savez, quand vous sortez de table, vous gardez en bouche les saveurs du repas et, quelques heures plus tard, vous avez deux réactions possibles :

1. Vous souhaitez vous débarrasser de ce goût en mangeant un petit quelque chose.

2. Votre appétit est revenu, car vous reprendriez bien de ce délicieux gâteau au chocolat dont la saveur n'a pas quitté votre palais.

La fraîcheur du brossage diminue donc l'envie de grignotage ! Moi, j'ai opté pour deux dentifrices, un salé et un mentholé. Non pour leurs propriétés blanchissantes et protectrices, mais pour contrer le chocolat ou le fromage. Je vous assure qu'un bout de fromage après le dentifrice mentholé, c'est ignoble ! Pareil pour le chocolat et le dentifrice salé. Mais attention : l'inverse passe très bien… Le chocolat et le dentifrice mentholé donnent un After Eight !

Règle n°47

Je reste **positive**, encore et toujours !

Le moral est mis à rude épreuve pendant cette période. L'important est de se dire qu'il y a une solution à tout, même si on met parfois un peu de temps à la trouver.

Plus d'une fois, il m'est arrivé de ne pas perdre un gramme pendant des semaines ! Mais je savais rebondir et positiver, en me disant que mon corps faisait tout simplement une pause pour se ressourcer.

Après une course, par exemple, vos étirements, votre respiration, l'eau que vous buvez vous ressourcent et vous vous sentez bien mieux. Ou encore, lors d'un trajet en voiture Lille-Rouen, ce n'est pas parce que vous faites des pauses sur la route que vous ne parviendrez jamais à destination ! Au contraire, vous rechargez les batteries et serez bien plus en forme pour la suite !

Po-si-ti-vi-té ! **C'est une rude épreuve pour votre corps qui a parfois besoin d'un peu de temps pour assimiler tous ces changements.** Alors, peu importe ce qu'il se passe, voyez toujours le bon côté des choses. Acceptez les réactions de votre corps et essayez de les comprendre.

Le corps sait ce qui est bon pour lui instinctivement. On ne grossit pas sans raison ! En vous posant les bonnes questions, vous apprendrez à mieux connaître votre corps, ses besoins et cela vous permettra de garder le cap.

Règle n°48

Je suis une adepte de la **répétition**

Je vous assure : la source du succès et des objectifs atteints est la RÉPÉTITION.

Une question : qu'est-ce qui est bon pour vous quand vous êtes en phase d'amaigrissement ? Vous me direz boire de l'eau, bouger, manger équilibré, me faire plaisir sainement, varier le régime, cuisiner, appliquer des méthodes simples, respecter les quantités, limiter les matières grasses… Le point commun de toutes ces actions que vous menez pour vous faire du bien, c'est la répétition. Plus je suis constante et persévérante, plus ça marche, donc je maigris.

Répétition appliquée à l'échec

Ce principe marche aussi dans l'autre sens. Kebab lundi, pizza le mardi, maxi-hamburger mercredi, chips/apéro jeudi, poisson frit vendredi… en fin de semaine, j'ai grossi ! C'est dans la répétition d'actions, de gestes, de comportements, de décisions que vous évaluerez votre détermination. J'en ai répété des « non » fermes, des repas équilibrés, des consommations de bouteilles d'eau, des petites parts…

Répéter, ce n'est pas une ou deux fois. C'est 7 jours sur 7, jusqu'à obtenir le résultat souhaité. Et cela ne concerne pas que la nourriture (le bien-être, le respect de soi…).

C'est comme pour les sportifs : je répète mes bases, mes fondamentaux jusqu'à ce qu'ils deviennent des réflexes. Vous êtes une athlète de l'amaigrissement, entraînée depuis des lustres. Ayez donc un mental de championne.

Règle n°49

Je **visualise** ma future silhouette

Qu'il est bon de se sentir mince, en forme, splendide… Même si le résultat n'est pas encore là, ne vous privez pas de ce plaisir !

Rêvons un peu ! **Quel bonheur de ressentir les effets de la minceur sur nous, en nous !** Imaginez-vous en train de marcher, de danser, de bouger, de vivre au quotidien, qu'êtes-vous devenue ?

Sachez que votre cerveau ne fait pas de différence entre le réel et l'imaginaire. C'est fou, pas vrai ? Alors ne vous privez pas, fermez les yeux ! Alors ? Comment êtes-vous habillée ? Tendance, classique, cool, chic, c'est quoi votre style ? Moi, je me vois en princesse ! Vivement que la mode revienne aux longues robes cintrées à la taille, j'adore. Je vous rassure, je suis réaliste quand même !

Je suis convaincue qu'il est possible de devenir celle qu'on s'imagine… à condition d'être réaliste ! Si je mesure 1 m 60, il y a peu de chance que j'atteigne 1 m 80. Éventuellement 1 m 70, avec de hauts talons, mais pas beaucoup plus. Question poids, c'est pareil. Si je décide de perdre 30 kg alors que j'en ai seulement 15 en trop, c'est tout bonnement irréalisable ! Il faut changer de route, sinon vous n'arriverez pas à destination. C'est beau de rêver, mais il faut aussi raisonner.

Il est important de faire cet exercice de visualisation, car il permet de reprendre courage, de garder le cap et de vous rappeler pourquoi vous faites tous ces efforts. Ou plutôt pour « qui » ! Vous êtes la star de votre plan et c'est à vous, et à vous seule, que va profiter tout ce travail.

Panne d'inspiration ?

Si vous n'êtes pas du genre à rêver éveillée, vous pouvez rendre cette projection plus concrète en faisant un peu de shopping.
Achetez des vêtements que vous pourrez porter lorsque vous aurez atteint votre objectif, en vous faisant plaisir au passage. C'est également bon pour le moral !

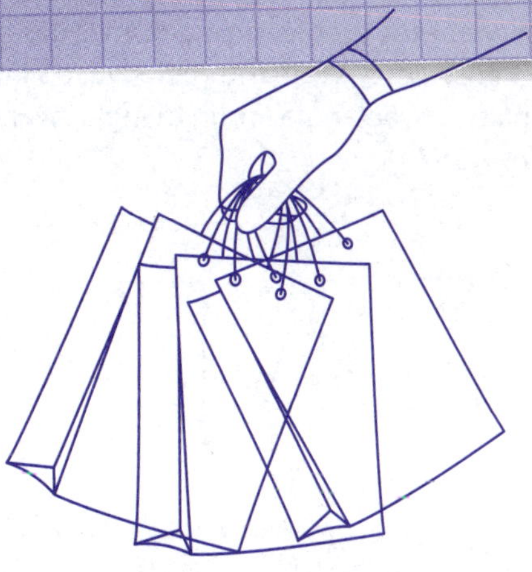

Règle n°50

Je m'exerce à la visualisation

En lisant la règle précédente, vous avez peut-être eu des difficultés à vous imaginer mince. Le pire, c'est quand on ne l'a jamais été.

Je vous propose donc un petit exercice pour mettre la théorie en pratique et démarrer une visualisation.

Fermez les yeux et représentez-vous physiquement avec votre surpoids sous forme géométrique. Laquelle choisiriez-vous : carrée, rectangulaire, triangulaire, en losange, en forme de sablier, de « 8 », de « D » ?

Maintenant, adoptez une attitude positive et visualisez-vous telle que vous souhaitez être, avec le corps que vous désirez avoir dans 6 mois, 1 an, 3 ans… bref, votre future nouvelle silhouette. Vous êtes plutôt un « I », un rectangle fin, un triangle inversé, une ligne, une courbe, un « S » ?

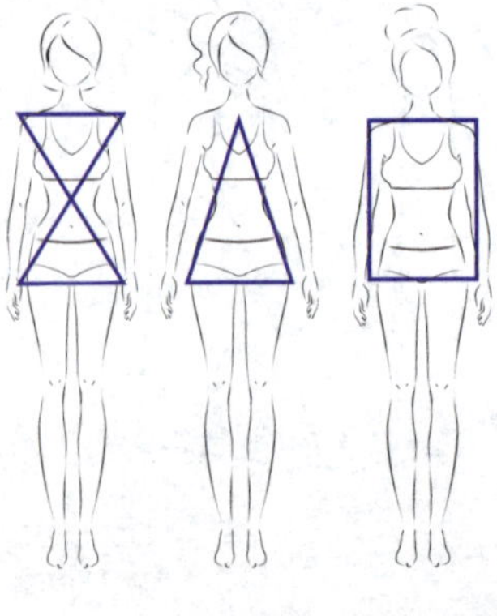

Vous remarquerez la force de la visualisation… personne ne s'imaginera en rond énorme et difforme.

La visualisation permet de se projeter dans une vision claire de ce que l'on veut être. C'est facile, finalement, de se projeter et c'est ultra motivant pour mettre en place une stratégie.

La forme géométrique n'était qu'un début : replongez-vous dans la vision de vous en vraie mince. Comment êtes-vous ? Que portez-vous ? Comment bougez-vous ? Dans quelle énergie êtes-vous ? Où êtes-vous ? Avec qui ? Que faites-vous ?… Plus il y a de détails, mieux c'est.

Une ressource inépuisable de motivation

Notez tout sur un papier et relisez-le régulièrement, tous les jours même. C'est de la force mentale que vous vous préparez là.

Règle n°51

Je me serre la **ceinture** (au sens littéral du terme !)

Qu'est-ce que les vêtements larges sont agréables et confortables… C'est là qu'une sonnette d'alarme doit se déclencher. « Confortables, confort… est-ce que cela n'a pas un rapport avec la zone de confort à laquelle je dois échapper ? » Exactement !

J'évite depuis quelques années les vêtements trop larges, car je me suis aperçue que plus mes habits étaient élastiques, plus j'avais de facilité à manger beaucoup !

Maintenant, mes meilleurs amis sont la ceinture, les tissus raides (genre toile) et surtout les coupes ajustées à mes formes. Les vêtements serrés, au moins, ont l'avantage de servir de repère. « Tiens, je n'avais pas autant de mal à fermer ce bouton avant » ou « Je commence à me sentir à l'étroit, je ne vais peut-être pas reprendre un morceau de gâteau. »

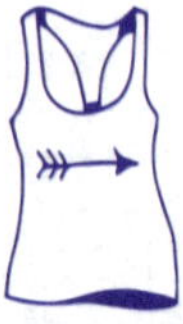

Le but n'est pas d'être saucissonné dans un corset sans pouvoir respirer, mais de porter des vêtements plus près du corps qui vous permettront de vous réguler et surtout de constater vos progrès ! N'est-ce pas motivant de se rendre compte que tel tee-shirt est moins serré ou qu'on a perdu un cran de ceinture ? Pouvez-vous dire : « Regarde comme j'ai maigri, ma djellaba est large » ? Euh, ça existe des djellabas moulantes ? Je ne crois pas !

Niveau esthétique, les vêtements larges ne sont pas non plus recommandés. Comment voulez-vous vous aimer et vous voir différemment si vous portez des tenues informes à longueur d'année ? Rien ne vous va ? Je n'y crois pas ! Vous êtes tellement obsédée par la volonté de cacher vos rondeurs que vous ne portez que des vêtements ternes, tristes et qui finalement vous grossissent ! Le premier pas vers la confiance en soi (indispensable pour réussir n'importe quel projet) passe par l'attention qu'on se porte et ce, même au niveau vestimentaire.

Alors c'est le moment shopping ! Allez dans un magasin que vous appréciez et demandez à un(e) vendeur/euse de vous conseiller. Ils sont professionnels et, contrairement aux idées reçues, ils ne vous diront pas que quelque chose vous va juste pour que vous l'achetiez. Par contre, ils vous proposeront une alternative avec laquelle vous repartirez certainement ! C'est le moment d'acheter des vêtements à votre taille. Vous aurez l'impression d'avoir perdu 2 kg au premier coup d'œil dans le miroir.

Règle n°52

Je ne fais **pas une course** de vitesse !

Je n'ai jamais recherché des pertes de poids records. J'ai avancé petit à petit, pas à pas. À coup de 250 g par semaine. La loose ? Non, la réussite !

Si vous arrêtiez de vous focaliser sur le chiffre inscrit sur la balance, vous verrez que ce sont les nouveaux comportements adoptés, les réflexes en voie d'acquisition qui vous aideront sur le long terme. Ils sont essentiels pour une bonne estime de soi, elle-même indispensable pour avancer pas à pas.

L'objectif n'est pas de perdre 5 kg par semaine (non, non, je vous assure !), c'est d'instaurer une meilleure hygiène de vie pour se sentir mieux dans son corps tout en retrouvant le plaisir de manger. Oui, on apprécie mieux les repas quand on n'a pas passé les heures précédentes à grignoter. Et manger quand on a faim est la plus agréable des sensations. Alors faites un bilan : où en êtes-vous ? Avez-vous fait des changements dans votre vie ? Dans votre façon de manger ? Faites-vous des collations le matin et en fin d'après-midi pour arrêter de grignoter?

Il faut prendre le rythme, laisser du temps au corps pour s'habituer à cette nouvelle façon de fonctionner.

Au début, vous perdrez très vite (si vous n'entretenez plus les graisses superflues à coup de beignets XXL, rien ne les retiendra !). Puis la progression sera plus lente, mais pas d'inquiétude, le poids va descendre ! Vous allez maigrir, soyez-en certaine. Ne cherchez pas aller plus vite que la musique. Depuis combien de temps traînez-vous vos kilos ? Des lustres ? Maintenant qu'ils sont bien installés, vous devez faire preuve de patience.

Le lièvre a beau être rapide, il s'éparpille, fait des va-et-vient. Il ne sait pas trop où il va et, finalement, ne réussit jamais rien ! Alors prenons exemple sur la tortue : allons à notre rythme, en intégrant des légumes à notre alimentation, en gardant toujours en tête notre objectif. Peu importe le temps que cela nous prend, on y arrivera ! De toute façon, avec notre carapace, on est indestructibles.

Règle n°53

Je me concentre sur mes **qualités**

Marcel Proust disait : « On peut tout ce qui dépend de notre volonté. » Il y a certaines choses sur lesquelles nous avons une emprise et d'autres que nous ne pouvons ni prévoir ni contrôler. Alors, concentrez-vous sur les premières.

Nous avons tendance à nous sous-estimer, à dire que nous sommes nuls ou bons à rien. Mais c'est faux ! Ce qui est vrai, c'est qu'il y a des choses que nous pouvons changer et d'autres pas. Je souhaiterais vivement avoir de nouveau 30 ans, mais ce n'est pas en mon pouvoir… Ce qui l'est, en revanche, c'est la mise en place de petites pratiques qui me permettront d'avoir une meilleure forme et plus d'énergie.

La vie nous a faites telles que nous sommes, et c'est ainsi. **Vous n'êtes pas un clone, vous n'êtes pas défectueuse, vous êtes une version originale, unique en votre genre**. OK, vous avez des difficultés pour maigrir, mais ce n'est pas une fatalité ! Vous pouvez agir sur votre poids, alors agissez et faites mentir tous ceux qui ne vous en croient pas capable.

Vous avez le droit de réussir, vous en avez les moyens. Alors arrêtez de vous malmener et concentrez-vous sur ce que vous pouvez changer. **Il est temps de vous concentrer sur vos talents.** On ne peut pas être au top dans tous les domaines.

Je suis un peu stricte avec mes enfants, mais cool avec mes amis, je ne suis pas forcément dynamique au travail, mais je déborde d'énergie en vacances, je ne suis pas de bonne humeur le matin, mais je suis un vrai boute-en-train le soir… Vous êtes comme vous êtes et, même si vous avez des défauts, vous avez au moins les qualités de vos défauts !

Une fois que vous accepterez cela, vous deviendrez responsable. Comment ça « responsable » ? Cela signifie que vous avez le pouvoir de décision. Vous êtes le pilote de votre vie. Comprendre que vous êtes responsable, c'est aussi vous rendre compte qu'il ne tient qu'à vous de changer les choses. C'est un défi, mais un défi à votre portée. Alors ne passez pas trop de temps à culpabiliser et dites adieu à vos habitudes pour reprendre le contrôle de votre vie.

Résolutions

Vous savez maintenant que vous êtes la clé de votre propre réussite. Alors prenez un papier et un stylo et listez-moi ce que vous pouvez facilement mettre en place pour vous sentir mieux et réduire grignotages, fast-food, alcool... Vous avez toute la vie !

Règle n°54

Je me **réconcilie** avec tous les aliments

Je suis sûre que, depuis que vous avez décidé de maigrir, vous imaginez des cornes démoniaques sur tous les aliments trop gras, trop salés, trop sucrés qui semblent vous appeler…

Ne les diabolisez pas (ici « diaboliser » signifie « bannir pour cause de délices intenses et appels répétés à l'excès »). Ce ne sont pas vos ennemis, vous pouvez les intégrer à votre alimentation, mais avec modération, exactement comme l'alcool.

Nous l'avons déjà dit : plus on s'interdit des choses et plus on en a envie ! Alors bannissez vos péchés mignons et vous pouvez être certaine que vos amis Frustration et Craquage viendront bientôt frapper à votre porte, et là, c'en est fini de votre régime !

Je sais. **Vous avez l'impression que le fait même de penser à ces mets adorés vous fait prendre du poids,** vous n'osez même plus les consommer de peur que tous vos efforts aient été vains, le fait même de sentir leur odeur semble rétrécir votre pantalon. Mais détrompez-vous, une mousse au chocolat ne vous fera pas reprendre ces 3 kg si chèrement perdus (mais, pour les 6 pots, je ne dis pas…). Alors faites la paix avec vos petits démons et apprivoisez-les.

Par contre, faites de même pour les légumes crus ou cuits ! Ce n'est pas parce que ça pousse dans la terre que c'est forcément mauvais ! Testez des recettes et vous verrez que les épinards ne sont pas forcément la mixture verdâtre qu'on vous servait à l'école !

Règle n°55

Je fais **face aux problèmes**, ils ne se règlent pas tout seuls

Devant les difficultés, nous avons tendance à fuir, à fermer les yeux. Parfois, on ignore la portée de certains problèmes qui peuvent avoir des répercussions sur notre comportement.

Parfois, les mauvaises habitudes alimentaires se révèlent être de véritables troubles alimentaires. **Ces derniers peuvent être l'expression d'un mal-être qui a une cause bien plus profonde que ne pas arriver à perdre quelques kilos.**

En effet, le dérèglement des comportements alimentaires a des origines plus ou moins graves, mais le plus efficace est toujours de les comprendre. Si votre faim vient du harcèlement moral dont vous êtes victime au bureau, par exemple, un régime ne réglera pas votre problème.

Si vous voyez que, même en faisant tous les efforts du monde, cette faim reste tenace, demandez-vous ce qu'elle peut cacher et, à terme, demandez son avis à un spécialiste, ils sont là pour ça !

Règle n°56

Je ne confonds pas **la faim** et **la soif**

« N'importe quoi Anna, je sais quand même reconnaître la faim et la soif ! » Vraiment ? Vous êtes vraiment certaine que cette petite fringale ne sera pas rassasiée par une ou deux gorgées d'eau ?

Encore une fois, c'est du vécu ! **Parfois, mon corps m'envoie des signaux que je traduis par : « Tu ne veux pas un petit truc à grignoter ? » alors qu'en fait j'ai soif !** La frontière entre la soif et l'envie de manger est souvent mince. Savez-vous toujours faire la différence ? Ce n'est pas sûr.

Et si vous commenciez par vous poser la question : est-ce que j'ai réellement faim ou est-ce que j'ai soif ? C'est un premier pas de géant que vous ferez. Ensuite, je vous invite d'office à boire un verre d'eau ! Il sera toujours temps de manger si besoin est. Quoi qu'il arrive, boire de l'eau est toujours bon pour le corps.

En ayant toujours une bouteille d'eau à portée de main, en 3 secondes, je peux boire trois gorgées de ce liquide qui a le mérite d'afficher zéro calorie au compteur et de me faire zapper sur des pensées moins néfastes à ma ligne. Merci H_2O !

Règle n°57

J'essaie de **comprendre** mes pulsions

Une pulsion alimentaire, c'est le désir soudain et incontrôlable de manger pour satisfaire une envie. D'autres auront des pulsions destructrices ou de shopping, mais moi, c'était le plaisir alimentaire.

J'ai eu beau tourner le problème dans tous les sens, la nourriture était pour moi la plus séduisante des tentatrices, et mon régime, un combat de tous les instants. Pour m'éviter de culpabiliser, ce qui m'a beaucoup aidé, **c'est de comprendre ce qui déclenchait mes pulsions.**

Vous savez, ce moment fatidique où l'on commence par un bout de pain légèrement tartiné de beurre et qu'en moins de deux, on s'enfile la baguette ! Sans négliger les soirées canapé avec la glace double cookies entre les cuisses, non pas pour que la fraîcheur du pot les raffermisse, mais pour pouvoir zapper avec la main gauche et tenir la cuillère de la main droite ! Puis prétexter l'envie d'un soi-disant « petit » carré de chocolat alors qu'on termine la tablette de 100 g (il y avait quand même eu la glace avant !).

Le seul moment où on cesse de s'empiffrer, c'est lorsque l'estomac dit stop. Ressentez-vous alors le contentement d'être repu ? La satisfaction d'avoir mangé à votre faim ? Non, il y a toujours un vide. Vous prenez alors conscience que cette sensation déguisée en faim irrépressible n'en était pas. Alors qu'était-ce donc ? Frustration, stress, déception ? Autant de maux qui ne guériront pas avec la tête dans le frigo.

On utilise souvent la nourriture pour combler une envie. **Avoir des envies, c'est le besoin d'être en vie, de se sentir vivant.** Il y a peut-être d'autres moyens d'y répondre. Pourtant, non seulement elle ne règle pas le véritable problème, mais en plus, elle l'aggrave ! Si vous vous sentiez mal avant d'engloutir ce saucisson sec, vous sentez-vous mieux après ? La satiété est devenue une sensation presque désagréable parce que le mal-être de fond reste, et les kilos s'installent…

C'est incontrôlable, on le sait. On a ce besoin de tout finir, de combler un vide, c'est comme vital ! Certains disent qu'on se protège, d'autres qu'on a un problème, ou encore que c'est notre façon de fonctionner. Moi, je pense que c'est un peu tout ça.

Alors il faut commencer par dédramatiser : quand ça arrive, ça arrive. Depuis que j'ai accepté certaines pulsions, elles se sont faites plus rares. **Puis on identifie la cause de ces pulsions.** Pour ma part, il s'agissait de la frustration et de la privation. C'est quand je ne dois pas manger que j'ai envie de tout dévorer, je ne résiste pas aux interdits… J'ai donc appris à me rassurer : « Je peux le faire, je peux avoir des pulsions, mais je peux aussi les comprendre et régler mes problèmes autrement. » C'est possible. Résister sera déjà une belle façon de vous prouver à vous-même que vous êtes plus importante que vos instincts, et ça, c'est bon pour l'estime de soi !

La respiration est également un atout indispensable. Lorsqu'on est soumise à un stress intense, rien que d'inspirer un bon coup en levant les épaules et d'expirer en relâchant tout a un effet considérable. Une sensation d'avoir un poids en moins. **Cuisiner, manger bon et sain** fut aussi une étape importante de mon parcours, surtout pour maintenir mon poids durant ces 22 ans.

Pour finir, apprendre à s'aimer plus et avoir une meilleure image de soi est essentiel : si vous êtes dans l'autodestruction (« de toute façon, je suis moche, grosse et personne ne m'aime »), vous n'y arriverez pas. Alors reprenez-vous en main : oui, vous méritez un corps de rêve, oui, vous pouvez y arriver. Non, vos pulsions ne doivent pas guider votre vie. Je ne me laisserai pas « malmener » par la nourriture, mais « bien mener ». Je mérite mieux, et vous aussi, parce que vous êtes une VIP : Very Important Person.

À faire en cas de mégafringale

Lorsque cette faim subite vous envahit, écrivez dans un carnet la date, l'heure, ce que vous vous apprêtez à dévorer (la tablette de chocolat) et surtout votre ressenti à cet instant T où vous abandonnez toute réserve. Vous sentez-vous bien ? Êtes-vous stressée par la journée qui s'est écoulée ? Par celle à venir ? Êtes-vous en colère après une dispute avec un proche ? Vous pourrez alors repérer les moments et les émotions qui vous propulsent dans le placard. De cette manière, vous pourrez identifier et régler les problèmes de fond.

Règle n°58

J'anticipe et je m'organise pour réussir

Le contenu de mon frigo est le reflet de mon envie de maigrir ou de me maintenir. Ma victoire finale en dépend ! Alors, à vos courses !

L'objectif est relativement simple : être raisonnable. Il faut d'abord veiller à remplir certains critères :

1. Une liste des courses détaillée : faite en fonction des repas prévus pour la semaine.

2. Un budget réduit au maximum (ou plutôt au minimum…) : cela permet de ne pas faire trop d'écarts.

3. Un bon timing : on ne part pas faire les courses le ventre vide. De même, on n'y va pas 10 minutes avant la fermeture, quand il n'y a plus rien au rayon fruits et légumes, et qu'on oublie la moitié des choses !

4. Pas de carte bleue : on se rend davantage compte de ce que l'on dépense en nourriture quand on voit le liquide quitter notre portefeuille.

5. Un parcours bien précis : on commence par les produits essentiels, avec un passage obligatoire par le rayon frais et on finit par le rayon chocolat et confiseries. Fatiguée et pressée de passer à la caisse, vous trouverez ce dernier rayon beaucoup moins attrayant. Il n'y a plus de place dans le caddie de toute façon !

6. Pas de pause aux rayons tentateurs ! Reposez-vous plutôt en admirant les différents types de lessives !

7. Des talons hauts ou des chaussures peu confortables : vous traînerez moins dans les rayons (bye-bye, la zone de confort !).

Succès garanti !

Astuce

J'achète le moins possible de produits industriels tout prêts que mon arrière-grand-mère et ma grand-mère ne connaîtraient pas. Un vrai retour aux sources, bon pour la ligne et le porte-monnaie !

Règle n°59

Je ne **me coupe pas** du monde

Les invitations, vous les redoutez plus que tout. Il y a trop de choses auxquelles il faut faire attention et de tentations auxquelles vous ne parvenez pas à dire non. « Et si je prétextais un rhume des foins ? » Certainement pas !

Je connais ça, moi aussi, la tentation de trouver un prétexte crédible pour échapper à une soirée de souffrance, à lutter contre vos pulsions.

Pourtant, à force de dire non, vous allez vous renfermer sur vous-même, lasser vos amis, et vous blâmerez votre régime de faire souffrir jusqu'à votre vie sociale ! Comme si la nourriture ne suffisait pas ! **Si vous refusez les sorties de peur de craquer, une fois l'amaigrissement terminé, vous serez mince, mais vous n'aurez plus d'amis.** Ou alors, vous laisserez tomber le régime parce que, dans les moments difficiles, vous avez besoin de soutien. Et le soutien, ça passe par les soirées entre amis !

Adaptez-vous, faites des choix. Imaginez-vous déjà mince, comment réagiriez-vous aux tentations ? Les expériences servent, elles sont là pour vous apprendre. Être dans le partage, l'échange, la convivialité fait partie de notre vie. On en a besoin ! Et si vous craquez, je vous dirais bien : « Et alors ? Ce n'est pas la fin du monde, vous vous reprendrez demain. »

Astuce de début de soirée

Mangez un fruit avec du fromage blanc, une soupe ou encore buvez une boisson chaude avant de vous rendre chez vos amis. Il sera plus facile de se contrôler qu'avec l'estomac vide !

L'important est également de choisir vos soirées. Est-ce que vous voulez sortir pour la ripaille ou les retrouvailles ? Bannissez les soirées qui vous ennuient et durant lesquelles vous faites le pied de grue devant le buffet, toujours un verre plein à la main. Préférez celles où vous voyez des gens avec qui vous aimez tellement discuter que vous ne pensez même plus à manger, celles où vous pouvez danser pour vous amuser et vous dépenser (lier l'utile à l'agréable). Ce sont elles qui vous remontent à bloc et vous redonnent la pêche pour attaquer une nouvelle semaine d'efforts !

Règle n°60

Je prends chaque échec comme une **leçon**

Nous avons vu que la peur de l'échec est contre-productive, puisque c'est la peur de ne pas arriver à nos fins qui nous empêche de faire quoi que ce soit !

En approchant la main du feu, vous vous brûlez. Mais cette expérience va vous servir de leçon et vous ferez plus attention à l'avenir. Vous avez trop fait cuire votre gratin, la prochaine fois, vous le ferez cuire moins longtemps. La vie est faite de tests plus ou moins réussis qui nous construisent et font de nous des personnes avisées, aptes à donner des conseils : « Tu veux essayer le régime hyperprotéiné ? Laisse tomber… Je l'ai fait et ça ne fonctionne pas du tout ! En plus, il peut être dangereux. Non, rester sur une seule catégorie d'aliments n'est pas une très bonne idée ! » Voilà, votre expérience aura servi à quelqu'un !

Pensez-vous que j'écris mes livres et que je coache sur la base d'un seul régime ? J'ai l'impression de tous les avoir testés ! C'est grâce aux galères par lesquelles je suis passée que je peux vous conseiller aujourd'hui. C'est ce que je souhaite : vous faire gagner du temps en partageant mon expérience.

L'échec, c'est aussi l'expérience. On apprend de ses erreurs, elles nous permettent d'avancer, de nous améliorer. Il faut voir les échecs comme une leçon qui nous fait comprendre ce qui n'a pas marché la première fois pour repartir plus averti.

Alors, ne vous dites pas que ça ne vaut pas la peine d'essayer parce que, la fois précédente, ça n'a pas marché. Justement, pourquoi est-ce que ça n'a pas marché ? Est-ce que le problème était dépendant de votre volonté ? S'agissait-il juste d'un mauvais timing ?

S'arrêter pour faire le point est toujours bénéfique. On apprend des choses sur nous-mêmes et on gagne en savoir-faire et en sagesse. Armée de votre expérience, vous ne pouvez que réussir. Laissez-vous une autre chance.

Règle n°61

Je me **responsabilise**

C'est une évidence, me direz-vous. Mais pas tant que ça parce que, si vous vous écoutez parler, les craquages sont rarement de votre faute.

« Si ma fille n'avait pas laissé traîner le paquet de gâteaux, je ne me serais pas enfilé le paquet », « Si le saucisson n'avait pas été en promotion, je ne l'aurais pas acheté et mangé entier en rentrant du boulot », « Si mon ami ne m'avait pas invité à manger, je n'aurais pas pris trois assiettes de couscous et repris deux fois du dessert. » Eh non, ce n'est jamais votre faute. Toujours une petite cause extérieure qui vous incite à emprunter le mauvais chemin.

Je sais que c'est difficile à accepter, mais personne ne met de gâteaux dans votre bouche ! Alors, si vous n'êtes pas prête à laisser tomber la mauvaise foi, inutile de commencer un régime, cela ne marchera pas.

Mais si vous vous sentez prête à franchir le pas, alors prenez-vous en main sans écouter vos pulsions autodestructrices ou votre copine super bien foutue qui vous dit : « Arrête avec ton régime, tu es très bien comme ça ! » Et si j'ai envie d'être mieux ? N'écoutez que ceux qui vous disent de faire ce qui est bon pour vous, parce que personne n'a à vous dire ce que vous avez à faire.

Règle n°62

Je **célèbre la réussite** de mes actions*

Une réussite est une réussite. Petite ou grande, elle est le fruit de vos efforts !

Ce qui donne confiance en soi, ce n'est pas la réussite chiffrée sur la balance. La vraie réussite, c'est surtout de mener à bien les actions sur lesquelles on s'était engagé et de s'y tenir sur le long terme.

Dans notre chaîne Youtube, « Mon mince viendra », mes amies Aurore, Olivia et moi-même insistons plus sur l'importance du chemin parcouru que sur la réussite finale. C'est comme quelqu'un qui arrête de fumer : on ne le félicite pas de ne pas avoir eu un cancer des poumons, mais d'avoir, petit à petit, diminué sa consommation de cigarettes et de tenir ! Vous, c'est pareil, le but n'est pas de vous féliciter d'avoir un poids normal, mais d'avoir renoncé à vos mauvaises habitudes. Le poids, ce n'est qu'un bonus !

Vous avez respecté votre défi de contrôler l'apéro, vous arrivez à rentrer à pied du boulot, vous avez tenu votre promesse de réduire votre consommation d'alcool, de sucreries, de fromage… Eh bien, bravo ! Récompensez-vous, dites-vous que vous êtes topissime (parce que c'est vrai !) et offrez-vous un cadeau : un ciné, un concert, un vernis, des fleurs, un magazine, une ceinture, un amant ? (Heu, Anna tu t'égares…). Tout, sauf de la nourriture !

* À la Contrex.

Règle n°63

Je ne mange **pas** **que de la soupe** !

Méfiez-vous des régimes basés sur une alimentation liquide : le système digestif a besoin de « dur » pour fonctionner à pleins tubes !

Bien sûr qu'il faut boire de l'eau et que la soupe est idéale lors d'une collation l'après-midi, et même pour votre repas du soir. Mais le mieux est d'alterner des repas consistants avec des plats plus light.

On les connaît les régimes miracles à base de soupe. **C'est sûr que ce système à base de légumes ne peut que fonctionner… mais à quel prix ?**

Bien que la soupe vous assure légumes et vitamines, vous finirez tout de même par avoir des carences, un estomac en vrac à force de ne brasser que du liquide et vous arriverez vite à saturation !

Même en variant les légumes et les ingrédients, la soupe reste de la soupe et, au bout de quelques semaines (voire de quelques jours), vous ne rêverez que d'un plat de pâtes avec du beurre et du fromage. Eh oui, il ne suffit pas de perdre du poids, mais aussi de se stabiliser. Et, pour se stabiliser avec un tel régime, il faudrait que vous ne mangiez que de la soupe pour le reste de votre vie. Vous vous sentez de le faire ? Je ne le pense pas…

De plus, le plaisir ne doit pas disparaître de votre assiette. Vos repas doivent être surprenants, colorés, pleins de saveurs, variés. Pas de plaisir = frustration et frustration = craquage.

Donc soyez dans la mesure : une soupe en entrée ou en plat principal, mais toujours accompagnée de ce petit rien qui lui donne du goût et un intérêt pour vos papilles (comme du fromage, de la crème, un dessert un peu plus consistant que d'habitude…). De cette manière, vous trouverez un rythme qui ne vous lassera pas et auquel vous pourrez donc vous tenir.

Et puis, c'est tellement bon de croquer et mastiquer ! Vous n'allez pas vous priver de ce bonheur qu'est la mastication, tout de même !

Règle n°64

Chacune cherche **son sport**

De nos jours, de nombreuses activités sont proposées aux personnes en surpoids, que ce soit pour 5 kg en trop, ou plus.

Dans cet éventail, choisissez le sport le plus ludique à vos yeux. Par contre, doucement, le but n'est pas de se dégoûter du sport. Rappelez-vous que ça vous donnera plus de facilité pour maintenir votre nouveau poids. Il est vrai que le sport n'a jamais fait maigrir, mais il permet de moins grossir.

Bienfaits du sport

☑ Préserver nos petits muscles, car naturellement, en vieillissant, nous perdons de la masse musculaire, nous devenons de vraies poupées de chiffons.

☑ Prendre conscience de son corps : on ressent les sensations de l'effort (avec les courbatures !).

☑ Plus de masse musculaire = augmentation de la dépense énergétique au repos.

☑ Augmenter le bon cholestérol, lutter contre les problèmes cardiovasculaires...

☑ ... et plein d'autres bienfaits !

Que sait-on sur le sport ? Si on se bouge, on brûlera plus d'énergie, on sera en « superforme » avec des muscles plus gros, on n'aura plus cette peau semblable à du flan, on prendra la vie avec plus de « zénitude », notre cerveau sera dopé, tristesse ou chagrins d'amour trouveront un exutoire (vengeance sur le rameur). Sur ce dernier point, ça marche vraiment : bouger avec intensité permet d'évacuer toutes nos émotions désagréables pour nous retrouver en « positive attitude ». La transpiration permet aussi d'éliminer les toxines de toutes sortes (additifs, pesticides, métaux lourds…) consommées au quotidien, car présentes dans notre alimentation industrialisée. Tee-shirt mouillé, ça va payer !

Interrogez votre médecin, il sera intarissable sur les bénéfices du sport pour la santé. Et même sur une chaise au repos, vous brûlerez plus de calories qu'avant, car vous aurez une masse musculaire plus importante !

Au fil du temps, il faudra améliorer vos performances. Vous commencez petit pour évoluer et avoir un rythme qui vous convient. Au début de votre activité, vous y allez tranquille, vous ne suez pas, vous pouvez chanter, parler, votre cœur ne s'accélère pas spécialement.

Petit à petit, vous corsez l'exercice, et là, votre transpiration augmente, votre respiration s'accélère, des douleurs musculaires arrivent (d'où l'importance de bien boire de l'eau et de faire des étirements). Maintenant, le but n'est pas de se faire un claquage, mais de prendre du plaisir. Je le redis, le sport est bon pour la santé, et pas seulement pour maigrir : il aide à se sentir mieux, à redonner le moral, à retrouver forme et vitalité !

Règle n°65

Je choisis des **mots de passe** motivants

Aujourd'hui, il faut des mots de passe pour tout, alors pourquoi ne pas en profiter pour se faire passer des messages à soi-même ?

Tellement efficace ce mot de passe inspirant qui vous booste pour la journée ! Alors laissez parler votre imagination…

Sur l'ordinateur, c'est le top, car vous pouvez même écrire des phrases entières dans cette barre secrète ! Celle que je préfère c'est : « Qu'est-ce qu'il va m'arriver de merveilleux aujourd'hui ? » Vous pouvez également faire plus court : « Tu es magnifique ! », « Tu es canon ! » La voie est libre pour tout exprimer.

Et « ce qui s'exprime, s'imprime », le fait de formuler cette phrase vous boostera le moral de manière radicale et elle s'inscrira en vous. « Je suis magnifique ? Oui, c'est l'ordinateur qui l'a dit ! » Si vous utilisez l'ordinateur plusieurs fois par jour, ce sera autant de compliments que vous recevrez, et ça fait toujours plaisir !

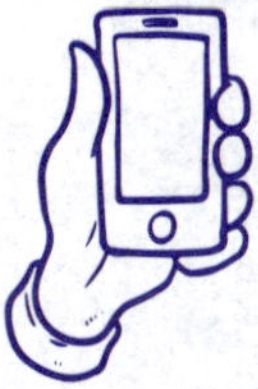

Sur le téléphone, le déverrouillage se fait souvent par le tracé d'un schéma reliant différents points, on peut donc faire des formes. Pourquoi pas un « M », comme « je m'm » (je m'aime) ou « j'aime la vie » ? Si ce sont des chiffres, utilisez le « 9 » pour une nouvelle vie, ou le « 8 » parce que vous dites « OUI » à la vie !

Fond d'écran

Et pourquoi ne pas mettre un fond d'écran stimulant sur vos appareils ? Une photo, une citation ou encore un montage (merci Photoshop!) de vous en plus mince, plus sportive, plus joyeuse...

Règle
n°66

La règle des **3 étapes de la gourmandise**

Les écarts, il faut les savourer. On ne se prend pas une poignée de bonbons en traître, à la va-vite. Il faut qu'elle soit dégustée en toute conscience.

Quand vous succombez à la tentation, il est important de l'assumer, de se dire : « D'accord, je fais un petit extra aujourd'hui et, demain, je ferai plus attention. » À chaque fois que je me fais un petit plaisir plus calorique, je me dis ces 3 phrases :

1. *« Cette première bouchée de chocolat (ou autre) est extraordinaire. »*
Je la mâche lentement, en laissant toute sa saveur m'envahir. C'est comme au casino, la première victoire est indescriptible, intense ! On a l'impression d'être riche, que tout peut arriver.

2. *« Cette deuxième est délicieuse. »*
Là, vous perdez un peu de cette extase du premier instant. La deuxième victoire est toujours moins forte en émotions que la première mais elle est tout de même très appréciable, on ne peut pas le nier.

3. *« Cette troisième est bonne et elle suffit à mon bonheur. »*
C'est le moment où il faut savoir s'arrêter pour ne pas perdre tous ses gains (ou, dans notre cas, reprendre du poids). Le plus difficile est de quitter la table de jeu et se contenter de ses gains : trois bouchées, c'est déjà ça !

Je ne le dirai jamais assez, tout est dans la mesure ! Aujourd'hui, vous prenez ça pour de la torture, mais demain, ces habitudes seront les vôtres et vous vous demanderez comment vous avez pu engloutir de telles quantités pendant toutes ces années.

Un moment de plaisir en toute conscience

Pour profiter encore plus de ce moment, il y a également des règles simples à mettre en place :

☒ **On ne mange pas debout dans sa cuisine :** on s'installe confortablement pour pouvoir recueillir tous les bienfaits de ce mets tant attendu !

☒ **On ne mange pas en marchant :** rien de tel pour ne pas profiter de l'instant présent. Soyez entièrement à ce que vous faites.

☒ **On ne fait pas ça sur un coup de tête :** prévoyez ce moment de délice. Vous l'apprécierez d'autant plus en l'ayant attendu toute une journée !

Règle n°67

J'irai au bout de **mon rêve**...

Nous sommes autant responsables de notre taille XXL que de notre taille de guêpe. C'est pour cela que nous devons batailler, ne pas nous décourager, nous adapter aux diverses situations (pourquoi manger plus quand on bouge moins ?), relativiser et garder le moral.

Vous avez un rêve, c'est de maigrir pour vous sentir mieux. Pour cela, il faudra vous battre contre les démons de la tentation, des excès et du n'importe quoi. Il est donc essentiel de rester concentrée, de garder une « positive attitude », de trouver des solutions faciles et stimulantes, de s'engager publiquement et personnellement.

Vous mettrez en place des comportements raisonnables, de nouvelles habitudes que vous devrez valider en vous posant la question : « **Ce changement, pourrais-je le garder à vie ?** » Si la réponse est oui, allez-y à fond, sinon, il y a de grande chance que vous laissiez tomber très rapidement.

Ténacité ou Persévérance sera dorénavant votre deuxième prénom. Pour ma part, j'en ai usé plus d'une fois. Rien que de dire « NON », à soi-même ou aux autres, quand on nous propose une autre part de gâteau ou de fromage, c'est un grand pas.

Il y a une chose que je n'ai jamais perdue : c'est l'envie de maigrir et d'aller jusqu'au bout du bout pour, plus tard, me maintenir. L'envie, c'est le désir d'avoir ce que les autres ont. Cette attitude peut être néfaste, quand elle se transforme en jalousie autodestructrice, ou bien devenir un véritable leitmotiv : « Cette minceur, ce bien-être, moi aussi, j'y ai droit ! »

J'ai pu apprendre et tester beaucoup d'astuces sur la perte de poids, des plus sérieuses aux plus farfelues. Cela m'a permis de me remettre en question et de trouver ce qui était bon pour moi.

Règle n°68

Je suis une **héroïne**

Imaginez-vous en courageuse aventurière qui part en quête de son poids de forme. Vous pouvez y arriver. Comme tous les héros, quelles que soient les difficultés, vous ne renoncerez pas.

Dans la jungle de l'alimentation saine, au détour de la découverte des quantités, de la confiance en soi et des obstacles qui permettent de changer de point de vue, vous trouverez votre voie. Est-ce qu'Indiana Jones s'enlise dans la routine ? Soyez dans le mouvement, étonnez-vous, épatez-vous !

Vous souhaitez changer, non ? Alors pourquoi la peur a-t-elle pris le pas sur votre motivation ? Que vous faut-il pour sortir la tête du frigo ? Comment retrouver le courage ? Souvenez-vous de la raison qui vous a poussée à agir. **Qui a dit : « Seule la volonté d'agir compte » ? Batman !**

Si vous ne savez pas comment faire, observez les minces, elles sont de véritables mines. Ayez confiance sans vous focaliser sur vos difficultés et vos résultats. Cela ne vous fait pas avancer. Choisissez ce qui est bon pour vous et n'ayez plus peur. Chaque situation que vous allez vivre vous servira d'expérience, et l'expérience est l'origine de la sagesse. Misez à fond sur ce que vous faites de bien.

Règle n°69

Je veille à la **qualité de mon sommeil**

Le soir, j'évite de manger trop riche, trop pimenté ou de boire trop d'alcool, pour bien dormir. Une mauvaise nuit a un impact considérable sur nos comportements du lendemain.

Fatiguée, on grignote davantage, on mange encore plus et on mange mal… Rien de tel pour prendre du poid !

Vous tournez dans tous les sens, vous souffrez d'insomnie, rien ne vous calme. Vous avez des nuits tellement agitées que, pour tenir le coup le lendemain, vous ne faites que manger. Non seulement vous passez la nuit à cogiter, mais en plus, vous passez la journée à culpabiliser de vos grignotages incontrôlables !

Ma solution : préparez votre nuit comme on prépare une veille d'examen. Il suffit de consommer des aliments qui vont activer la sérotonine (neurotransmetteur). Pas d'alcool, pas de tabac, pas de télévision, pas de jeux vidéo. De même, préférez les repas dépourvus de piment, de café et limités en fromage et en viande. Alors on fait le plein de légumes et de bons féculents, qui sont très rassasiants sans être trop gras.

Vous verrez, la nuit sera formidable. Vous dormirez comme un bébé ! Ah, vous ronflez ? Alors là, je ne peux rien pour vous…

Règle n°70

J'évite d'affamer mon corps

Votre cerveau, c'est votre tour de contrôle. Il s'assure que votre corps fonctionne correctement et, s'il détecte une panne d'alimentation, il va déclencher la sonnette d'alarme : « Manger, manger, manger ! » Et ça, c'est mauvais pour le régime.

Beaucoup commencent un régime avec la ferme intention « d'arrêter de manger ». C'est comme si, pour ne plus faire d'excès de vitesse, vous décidiez de ne plus faire le plein de votre voiture. Oui, vous ne commettrez plus d'infractions, mais vous n'irez plus nulle part ! L'idée est de savoir quel est le minimum vital dont votre corps a besoin pour se sentir en sécurité et établir vos repas en fonction.

Saviez-vous que certaines de nos réactions viennent d'une partie de notre cerveau appelée « le cerveau reptilien » ? Ce dernier régit les comportements primitifs assurant notre survie. Il régule notamment la respiration, la température, et assure la satisfaction des besoins vitaux, tels que l'alimentation ou le sommeil. Sa fonction est donc de nous protéger du danger, alors rassurez-le en vous nourrissant correctement et faites-vous confiance.

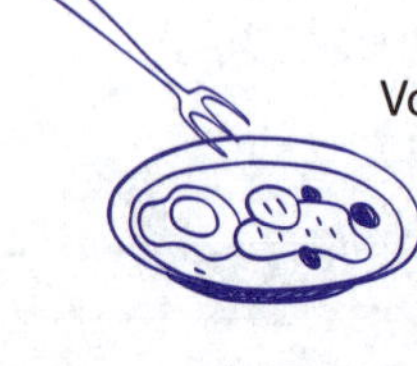

Vous suivez l'exemple de minces que vous connaissez et qui ne mangent jamais ? Même les minces mangent et ceux qui disent le contraire mentent.

Il y a une différence entre « manger peu » et « ne pas manger du tout ». D'ailleurs, méfiez-vous des expressions qu'emploient parfois les gens. Certaines personnes disent qu'elles n'ont rien mangé quand leur repas n'était composé que de crudités. Les crudités sont peut-être pauvres en calories, mais elles sont rassasiantes.

Puis posez-vous une question : combien de temps tiendrez-vous dans ces conditions ? Est-ce que vous pensez réellement tenir cette grève de la faim ? Ce ne serait pas une vie ! Le corps est comme un enfant : vous ne devez pas céder à tous ses caprices (grignotages) pour qu'il évolue normalement, mais si vous ne prenez même pas soin de ses besoins (repas), on n'est pas loin de la maltraitance !

Ne maltraitez pas votre corps et donnez-lui ce dont il a besoin : une nourriture variée et saine en quantité raisonnable. Pour connaître les quantités, n'hésitez pas à consulter un spécialiste plutôt que votre entourage qui n'est pas toujours de très bon conseil…

Bilan

Prenez rendez-vous avec un nutritionniste, préparez une bonne liste de questions et ne stressez pas votre corps en l'affamant, restez simplement raisonnable.

Règle n°71

J'accepte mon (mes) **côté(s) obscur(s)**

Régulièrement, nous ressentons des émotions désagréables qui mettent à l'épreuve notre motivation, notre volonté… ce qui se solde par des temps forts d'autosabotage envers notre amaigrissement.

Ces émotions peuvent être passagères ou persistantes. Dans ces moments-là, maigrir devient difficile, voire impossible. Elles se manifestent par une douleur interne, une boule au ventre, un nœud dans la gorge, un malaise difficile à décrire. Ces signes peuvent être dus à la colère, l'anxiété, la tristesse, la peine, la frustration, la honte, la morosité, la peur, la culpabilité, l'abandon, le manque d'amour…

Je veux partager avec vous un ressenti désagréable qui m'a longtemps bouffé la vie : **c'est « la tristesse ».** Quand elle s'installe, elle ne vous quitte pas comme ça. On a beau la repousser, la cacher, la masquer, la fuir, s'en détourner… elle est toujours là telle une sangsue, en permanence en train de raffermir sa prise sur vous au cas où vous oublieriez sa présence.

C'est infernal ! Et pour tenter (en vain) d'atténuer cette douleur, on mange, on mange, on remange sans vraiment faire avancer les choses. La seule chose que je faisais avant de maigrir et de prendre soin de moi, c'était nourrir ma douleur.

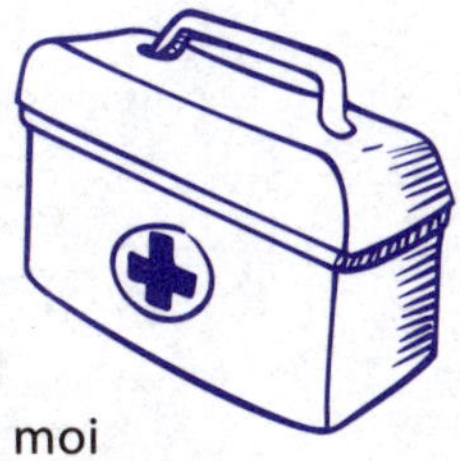

Alors, un jour, j'ai décidé d'accepter ce trait de ma personnalité. De toute façon, quoi que je fasse, elle restait là, donc mieux valait m'en faire une alliée. D'autant que la raison de cette tristesse au fond de moi m'a permis d'être la personne que je suis aujourd'hui. Elle est mon histoire, il était donc indispensable que je l'accepte dans ma vie. Je l'ai donc nommée « mon amie pot de colle » et, à chaque fois qu'elle se manifestait sous la forme d'une boule au ventre, au lieu d'essayer de la calmer par de la nourriture, je lui disais : « Je sais que tu es là, pas de problème, mais je n'ai pas faim et je n'ai pas besoin de grignoter. »

Vous ne pouvez même pas imaginer l'effet magique d'un comportement comme celui-là. Je m'en étonne encore moi-même aujourd'hui. J'ai vu les premiers résultats au bout d'un mois et, curieusement, avec les années, « mon amie pot de colle » ne vient me voir que rarement. Et vous, quel nom donnez-vous à votre amie pot de colle ?

Règle n°72

Je limite les **matières grasses**

Les matières grasses ont mauvaise réputation, surtout quand on fait un régime. Certes, il faut les limiter, mais sûrement pas les supprimer de votre alimentation !

Les matières grasses n'ont pas que des mauvais côtés : **elles apportent des acides gras et des vitamines indispensables au bon fonctionnement de notre corps et de notre cerveau.**

Si vous avez décidé de supprimer les lipides de votre vie pour maigrir, je vous arrête tout de suite : c'est une très mauvaise idée. Cette méthode draconienne ne peut pas fonctionner sur le long terme et elle n'est d'ailleurs pas nécessaire ! C'est comme le reste : un peu, mais pas trop. Dites-vous que c'est aussi doux que le miel (dans le sens bon pour vous).

Personnellement, je les consomme surtout au petit déjeuner sous forme d'oléagineux. Ces plantes, cultivées pour leurs graines ou leurs fruits riches en matières grasses, sont riches en acides gras insaturés, bien meilleurs pour la santé que les acides gras saturés, notamment parce qu'ils combattent l'hypertension artérielle.

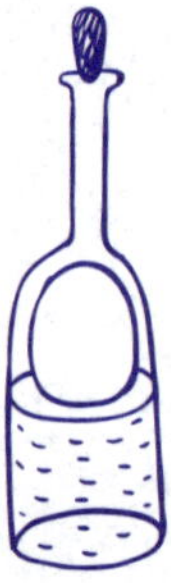

Donc j'achète des graines de courge, tournesol, chanvre, des noisettes, noix, amandes… que je mélange. **Ainsi, chaque matin, je prends 1 cuillerée à soupe de ce mélange pour le déguster** dans une compote, une salade de fruits, sur une tartine de pain avec du miel, ou simplement pour picorer. Toujours dans des proportions raisonnables, ce « muesli maison » permet de faire un petit déjeuner équilibré avec une sensation de satiété garantie.

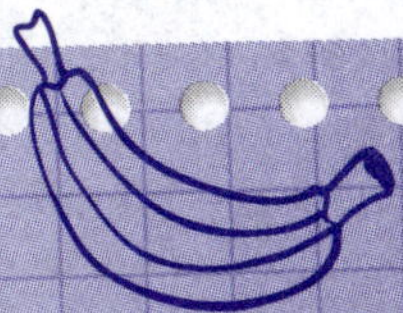

Petite recette d'Anna

- 1 banane écrasée
- 2 cuillerées à soupe de flocons d'avoine
- Quelques amandes, noisettes ou mélange de graines concassées

Mélangez le tout pour obtenir une texture pâteuse et étalez de petits tas sur une feuille de cuisson. Enfournez 20 minutes à 180 °C et vous obtiendrez des biscuits sains pour le petit déjeuner.

Règle n°73

J'arrête de dire : « Il faut que je maigrisse », **je « veux » maigrir**, c'est tout !

Vous ne parieriez pas sur un cheval qui « essaierait » de gagner la course, alors pourquoi le feriez-vous pour vous-même ? À un moment, il faut savoir ce que l'on veut et se donner les moyens d'y arriver.

Tous les lundis, pendant des années, je me disais : « Il faut que je maigrisse », « J'aimerais bien maigrir », « Il faut que je tienne », « Il ne faut pas que je craque. » **Les « il faut » sont finis !** Aujourd'hui, j'agis !

Toutes ces formules sont une forme de renoncement. « Il faut », c'est ce qu'on devrait faire sans en avoir le courage, la force, la motivation… Quand vous dites : « Il faut que je passe l'aspirateur », vous savez que vous ne le ferez pas aujourd'hui, sinon vous diriez : « Je vais passer l'aspirateur. »

Oui, c'est une question de français, mais aussi de sens. Vous voyez la différence ? Dans la première, on est dans le conditionnel, l'incertain, l'évocation de ce qu'il serait bien de faire (entraînant culpabilité si cette tâche n'est pas réalisée) et la seconde est au futur proche, dans l'affirmation. Ce sera fait ! Ces phrases, vous les martelez continuellement dans votre tête, alors veillez à ce qu'elles soient positives et motivantes.

D'ailleurs, avez-vous remarqué que ces formules qui vous tirent vers le bas sont impersonnelles ? **On dit : « Il faudrait que je fasse attention » comme on dit : « Il pleut »,** comme si cela ne dépendait pas de nous. Eh bien justement, si, ça dépend de nous, alors on passe à l'action ! Est-il nécessaire que je commente le « j'aimerais (bien) mincir » ? Eh bien, qu'attendez-vous ?

Quand j'ai décidé, mais « vraiment » décidé, de maigrir, j'ai agi, mis des choses en place et je me suis bougée ! J'ai organisé mes repas, mes collations et fait mes courses en conséquence… c'est indispensable pour la réussite. Nos actions définissent la personne que l'on veut être. Décidez d'être une version améliorée de vous-même : faites une mise à jour !

Règle n°74

J'utilise mon **carburant** au mieux

Nous sommes peut-être des êtres pensants, mais nous sommes aussi et surtout des machines qu'il faut huiler, entretenir et faire bouger !

Il ne vous viendrait jamais à l'esprit de faire le plein de votre voiture ou de votre moto pour la laisser au garage. Si vous faites le plein, c'est pour rouler… Et si vous décidez, 1 heure plus tard, de refaire le plein, ça déborde ! Eh bien, quand vous mangez, c'est pareil !

Quand je mange, j'emmagasine du carburant. À moi de faire tout mon possible pour l'utiliser au mieux. Si je mange trop par rapport aux besoins de mon corps, je dois compenser : je bouge, je suis active, sinon ça déborde ! Nous, on veut déborder de santé, n'est-ce pas ?

N'ayez crainte, si vous sortez de table vers 13 heures, je vous assure qu'il vous restera du carburant 2 heures plus tard… Alors on se secoue les puces ! On prend les escaliers, on s'organise des week-ends randonnées, on se met aux cours de gym en ligne pour retrouver la ligne !

Une formule très intéressante vous permettra d'avancer

Petits efforts + petits changements très réguliers = minceur garantie.

10 minutes d'abdos, de renforcement des fessiers que je multiplie par 7 jours donnent 1 h 10 d'exercice par semaine. Je multiplie encore par 4 et j'obtiens 4 h 40 sur 1 mois, que je multiplie encore sur une année, soit environ 60 heures par an !

C'est quand même extraordinaire comparativement à 0 h ! Trouver 10 minutes par jour pour soi, ce n'est pas très compliqué et c'est un beau cadeau à se faire. Et ne me dites pas que vous n'avez pas le temps ! Le temps, c'est la vie, alors si vous n'avez pas de temps pour VOUS, c'est que vous n'avez pas de vie. Alors, avant de maigrir, apprenez d'abord à vivre.

Règle n°75

Je fais tout **comme une mince**

Contrairement à ce qu'on pourrait croire, être mince n'est pas seulement une silhouette, mais aussi un état d'esprit, une autre façon de voir la vie et la nourriture.

Pour les minces, manger est également un plaisir, mais tout est dans la mesure. Les minces ne mesurent pas ce qu'elles mangent au sens littéral du terme, leur corps le fait pour elles ! Elles sont à l'écoute de leurs besoins et savent comment les interpréter. J'ai faim, je mange, je suis rassasiée, je m'arrête. Il leur arrivera parfois d'avoir des envies soudaines déraisonnables (elles sont humaines, elles aussi), mais elles prendront un ou deux chocolats, pas la boîte entière.

Elles achèteront un croissant plutôt qu'un beignet, plus un pain aux raisins et un assortiment de chouquettes. Elles feront un repas copieux au déjeuner, mais mangeront léger le soir parce qu'elles ont simplement moins faim. Elles acceptent de ne pas terminer leur assiette. En gros, elles s'adaptent et font simplement preuve de bon sens !

Je suis très agréablement surprise de constater qu'il m'arrive d'avoir des réflexes de mince… Je suis désormais capable de laisser un bout de gâteau dans mon assiette, de ne pas manger si je n'aime pas, de dire non, de refuser qu'on me serve une deuxième fois, de prendre une salade au restaurant parce que je n'ai pas très faim… Des tas de bons réflexes que j'ai acquis avec le temps.

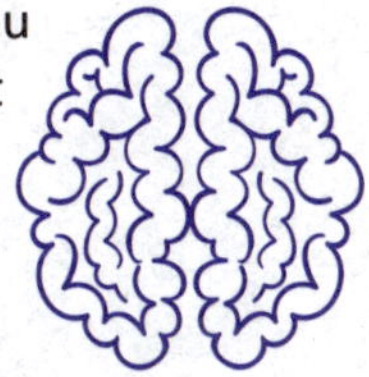

Suis-je devenue mince dans ma tête ? Mon cerveau en a pris note, je le sens. Mais je me considère plutôt comme une « fausse mince » parce que je ne suis pas en « pilote automatique ». Quand on propose quelque chose aux minces, elles disent oui ou non dans la seconde. Elles en veulent ou pas, elles ont faim ou elles sont rassasiées. Moi, j'ai encore besoin de réfléchir un peu…

On se félicite

Comme vous le voyez, les progrès de votre période d'amincissement reviennent finalement à peu de chose : manger quand on a faim, écouter son corps… Alors qu'avez-vous acquis ? Quels progrès avez-vous fait ? Prenez un stylo pour écrire ce que vous faites de bien et vous verrez que vous avez fait plus de petits pas que vous ne le pensiez.

Règle n°76

Je ne suis pas qu'un chiffre
sur une balance

Je sais que vous êtes obsédée par votre poids, les grammes qui vont et viennent avec un sourire narquois… Du coup, vous avez l'impression que tout le monde ne voit en vous qu'une personne luttant contre ses péchés mignons ! Ce n'est pas le cas.

Vous êtes obnubilée par votre poids, vous avez l'impression de prendre 3 kg rien qu'en sentant le fumet dégagé par les fast-foods. Vous avez la sensation que chaque personne qui croise votre regard sait que vous essayez de maigrir et vous pensez même que la dame au sac bleu est au courant pour le morceau de fromage pris en cachette ce midi. Vous avez envie de lui dire : « Ne me jugez pas, vous ne savez pas ce que je suis en train de vivre. » Non, elle ne le sait pas et elle ne vous juge pas non plus !

Les gens qui vous croisent ont leurs propres préoccupations et ne prendront pas le temps de s'intéresser aux vôtres. Les personnes qui vous connaissent, pour leur part, vous apprécient pour toutes vos qualités et ne vous voient pas comme un ventre ambulant. **Au-delà du physique, vous êtes une personne dotée de valeurs, pleine d'honnêteté,**

de persévérance, de volonté, de beaucoup de courage… C'est cela que les autres voient.

Il est si facile d'avoir une mauvaise image de soi. On se voit toujours plus bête, plus grosse, moins attrayante que les autres, sans aucune raison pertinente. Il faut que ça change ! Arrêtons de nous juger et de nous comparer aux autres.

Les yeux dans les yeux

Quand quelqu'un croise votre regard, plutôt que de le dévisager en vous demandant quelles remarques désobligeantes lui passent par la tête, souriez-lui. La personne vous rendra certainement la politesse et vous profiterez des bienfaits de ce geste amical et du flot d'endorphines qu'il libérera en vous.

Règle n°77

Je fais **le plein d'endorphines** (fini le stress...) !

Quand on stresse trop, le corps fabrique du cortisol. À haute dose, c'est un poison qui vous donnera la sensation d'être fatiguée, malade, faible… et qui est aussi responsable de votre petit bidon. Pour rééquilibrer tout ça, il est important de faire le plein d'endorphines !

Les endorphines, c'est ce qui procure cette sensation de bien-être après le sport (même si vous n'aimez pas spécialement l'effort physique, avouez qu'on se sent bien mieux après !). Alors je me bouge, je saute, je danse, je cours, je marche, je me détends, je fais des pauses, je respire, je partage ma joie de vivre, du bonheur avec les gens que je rencontre, je ris, je souris, j'observe, j'écoute, je m'émerveille, je suis heureuse et mon corps me le rend bien.

Bref, « positive attitude » ! Ne l'ai-je pas déjà dit ? Être mince ne vous rendra pas plus heureuse, le bonheur ne dépend pas du poids, mais de l'état d'esprit. Si vous êtes un rabat-joie qui pense trop à son poids pour s'amuser, perdre quelques kilos ne fera pas de vous un boute-en-train ! Le bien-être doit venir AVANT la perte de poids.

Alors profitez de la vie. Ce n'est pas ces quelques kilos en trop qui vous en empêchent. La bonne humeur est à travailler dès le réveil ! Le matin, deux choix s'offrent à moi (et à vous).

1. Soit je me lève en me disant : « Encore une journée pourrie, la cata, j'en ai marre, tout va mal, je me déteste, je suis grosse... »
2. Soit j'ouvre les yeux, je souris, je me lève d'un saut dynamique avec un grand « MERCI » pour cette nouvelle journée où le temps sera mon allié. Eh oui, la vie, c'est le temps que l'on prend pour être heureux.

Oui, c'est un choix, vous êtes maître de la journée à venir, alors pour quel état opterez-vous ? Je sais ce que vous allez me dire : « Mais comment fait-on quand on n'a que des problèmes et qu'on enchaîne les galères ? » C'est vrai que ce n'est pas toujours aussi facile. Mais qu'est-ce qui vous aidera le plus à surmonter les difficultés : le désespoir ou l'optimisme ?

Alors cherchez une petite chose positive comme le sourire de votre enfant, votre petit chien qui vous fait la fête, une autre journée pour apprendre des choses sur vous, tenez bon ! Avançons pas à pas. Personne ne monte les marches de la tour Eiffel quatre à quatre (même pas moi !).

Des trucs pour libérer des endorphines

Les endorphines, on l'a vu, procurent un bien-être non négligeable pour le corps et l'esprit, car elles permettent de soulager le stress et d'accroître le plaisir. Il existe plusieurs moyens de libérer ces endorphines dont mes préférés sont :

☑ Le rire et le sourire, qui provoquent une sensation de bien-être immédiate. Il existe même des « thérapies du rire », alors n'hésitez pas.

☑ L'exercice. Eh oui, elle était inévitable celle-là ! C'est un moyen très efficace de se sentir bien.

☑ Le lâcher prise, important, car il permet d'avoir du recul.

Règle n°78

Je prends les choses **comme elles viennent**

Je me suis souvent dit que ce qui m'arrivait dans la vie était pour une bonne raison. Agréables ou désagréables, je devais être reconnaissante pour ces expériences vécues.

Ne dit-on pas que ce qui ne nous tue pas nous rend plus fort ? C'est parce que le régime est difficile que l'on peut apprécier chaque gramme perdu. Mais entendons-nous bien, je n'aime pas spécialement me faire du mal. Cela ne me plaisait pas plus qu'à vous d'être déçue, de ne pas perdre un gramme durant des semaines, de reprendre du poids certains jours, de perdre confiance… mais, au final, je trouvais toujours en moi les ressources pour continuer à avancer.

Ma mère me dit toujours (elle est très croyante) : **« Tu ne vivras aucune épreuve que tu ne pourras surmonter. »** Si cette épreuve t'est donnée, c'est pour voir comment tu vas gérer la situation et ce que tu vas en tirer. Appelez cela comme vous voulez : Dieu, l'Univers, le destin, le sort, le karma… le secret, c'est de toujours être dans la reconnaissance. Bon, pas facile de dire merci quand on se fracasse le genou en tombant, alors qu'on se dirigeait juste vers sa voiture… Et pourtant, le fait d'être tombée m'a retardée et, qui sait ce qui aurait pu arriver si j'avais pris ma voiture quelques minutes plus tôt. J'ai peut-être évité un accident ?

On ne sait pas toujours pourquoi les choses arrivent, mais soyez confiante. **Si vous n'avez pas maigri ou réussi à maintenir votre**

poids de forme jusqu'à maintenant, c'est peut-être parce que ce n'était pas le bon moment. La route est longue et pleine d'embûches, vous n'êtes peut-être qu'au premier virage ? Vous avez crevé un pneu (craquage) ? Une panne d'essence vous guette (plus envie de maigrir) ? La chaleur vous ralentit (trop d'alcool) ? Un problème de courroie (faim constante) ? Vous vous êtes trompée de chemin (changement de régime)… peu importe. Votre expérience n'est pas encore assez riche, mais votre tour viendra, laissez-vous une autre chance sans jamais abandonner.

Dites « merci » à ce qui vous arrive, même si c'est douloureux. Regardez Usain Bolt, je suis sûre que je ne suis pas la seule à apprécier ses performances aux JO oui ! J'aime un peu plus le sport depuis que je suis une ex-feignasse. Observez-le : il fait une petite danse de la joie et envoie un baiser au ciel avant et après ses courses. C'est merveilleux à voir. Si cela n'est pas de la gratitude, je ne m'appelle plus Anna !

Règle n°79

Je reconnais mes **émotions**

Quand vous avez faim, êtes-vous sûre que c'est vraiment de la faim ? Toute gêne au niveau de l'estomac n'est pas toujours due à une fringale !

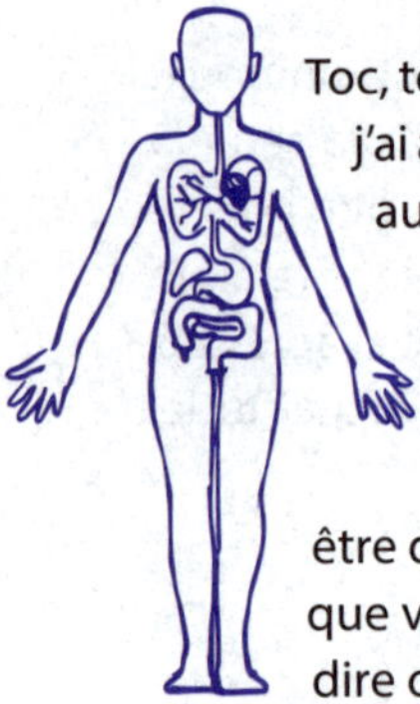

Toc, toc, toc, votre corps vous parle ! Si le mien est bavard, j'ai appris à l'écouter « vraiment » sans sauter directement aux conclusions hâtives (ici, le placard).

Le problème de prendre ces signaux pour de la faim, c'est que le paquet de gâteaux entier ne résoudra rien. Vous irez donc satisfaire ce que vous pensez être de la faim avec des chips et ainsi de suite, jusqu'à ce que vous compreniez ce que votre corps tentait de vous dire ou que vous explosiez !

Alors, un conseil de coach, écoutez ce que vous disent vos émotions. **Votre corps en est le messager.** Alors, plutôt que de vous ruer dans le frigo à minuit, asseyez-vous et essayez de voir au-delà de ces gargouillis.

Que ressentez-vous ?

1. *Une émotion de colère ?* Vous avez besoin d'être apaisée, comprise.
2. *Une émotion de peur ?* Vous avez besoin d'être rassurée, sécurisée.
3. *Une émotion de joie ?* Vous avez besoin de partager.
4. *Une émotion de tristesse ?* Vous avez besoin d'être réconfortée, de voir du monde, de parler.

Pensez-vous qu'un hamburger pourrait vous faire un câlin, vous parler, vous réconforter… J'en doute… Elle pourra tout au plus avoir un rôle de pansement, mais les pansements, ça ne tient pas longtemps. Il faut d'abord refermer la blessure.

Réagissez, car ces émotions et ces sentiments désagréables peuvent s'installer durablement et dégénérer en humeurs toxiques : morosité, colère, angoisse…

Règle n°80

Je **change de place** sur le canapé

Oui, sortir de la zone de confort passe aussi par la place occupée sur le canapé. Du grignotage en soirée à celui du dimanche après-midi, changez de routine pour installer de bonnes habitudes.

Cela peut paraître bête, et pas spécialement révolutionnaire, mais le fait de modifier votre place dans votre environnement peut vraiment changer vos comportements. Si je m'assois sur un fauteuil pour regarder mon film du soir, je n'ai pas envie de manger, de grignoter ou de croquer un aliment. Par contre, si je m'assois sur mon canapé, alors là, je pars au quart de tour.

Pourquoi ? J'ai remarqué que cette habitude de manger chaque soir devant la télé, confortablement installée sur mon canapé, à la même place, dans la même position, est **instaurée depuis mon enfance.** À la nuit tombée, il se passait quelque chose de bizarre dans ma tête quand je me retrouvais à cette place, dans ce contexte précis. Mon gentil cerveau reconnaissait cette situation déjà vécue pendant des lustres et ne pouvait s'empêcher de me rappeler ce réflexe du passé en me murmurant : « Va grignoter, vaaaa… Le chocolat, les bonbons et la glace t'appellent… Viens manger. Miam miam. »

Je pense que mon cerveau, c'est mon démon de la gourmandise. Pour le désamorcer, il faut donc le leurrer et lui faire comprendre que, oui, je regarde un film, mais non, ce n'est pas l'heure de manger !

Règle n°81

Je **grignote**... du pop-corn de maïs

Grignotage, mon amour… Je sais que c'est vraiment LA chose à laquelle il est difficile de résister. Mais rappelez-vous : pas (trop) de frustration, sinon, c'est le craquage assuré ! Moi, j'ai trouvé mon allié : le maïs !

L'un des aliments indispensables que j'ai toujours dans mon caddie, c'est le maïs cru ! Grâce à cela, je vais pouvoir préparer du pop-corn maison.

Ma recette

Versez un peu de votre maïs cru dans un saladier, recouvrez-le de film alimentaire dans lequel vous ferez de petits trous avec un cure-dent. Placez au micro-ondes pendant 3 à 4 minutes et vous voilà avec un beau saladier de pop-corn tout chaud !

Pour moi, le pop-corn du commerce est souvent trop salé ou sucré, il est d'ailleurs bien plus calorique. Mais ce n'est pas parce qu'il est fait maison qu'il faut en abuser (ne me faites pas dire ce que je n'ai pas dit !). Le maïs reste un féculent : toujours mieux que des bonbons, mais toujours pire qu'une carotte !

Astuce

Pour l'apéro, dans une salade, dans un sandwich... le maïs chez moi, c'est partout ! Pour les fans du sans gluten, c'est parfait.

Règle
n°82

Dès que je suis debout, **je gaine** mes abdos

Vous pensez ne pas avoir le temps de faire du sport ? Vous avez tout faux ! Toutes les occasions sont bonnes pour contracter les abdos et serrer les fessiers !

Bus, train, métro, je n'ai jamais eu un ventre aussi plat que depuis que je pratique le gainage à la moindre occasion. Je contracte mes abdos à longueur de journée ! C'est devenu un véritable réflexe !

Je n'ai jamais été une fan des séances d'abdos, car j'ai très vite mal aux cervicales. Du coup, je rentabilise tout le temps que je passe debout. Je rentre le ventre, je relâche, je rentre le ventre, je relâche… Je vous laisse tester, c'est super efficace ! C'est beaucoup moins pénible que les vrais abdos. Mais, pour que ce mouvement soit vraiment efficace, il faut le répéter sans relâche. Pour moi, c'est devenu une habitude.

Hop hop hop, vous gainez là ? OK, vous lisez en position assise, mais c'est quand on est assise qu'on peut faire travailler les fessiers ! On contracte, on relâche, on contracte, on relâche…

Combien de livres avez-vous dans votre bibliothèque sur le sujet ? Une armoire pleine, j'en suis convaincue. Je suis comme vous, j'en ai lu des tonnes. Et, dans les moments difficiles, ce ne sont pas les conseils des uns et des autres qui m'aidaient, mais cette volonté de réaliser mon rêve !

Quand je fais le bilan de ce que j'ai vécu pendant ces 3 années d'amaigrissement, je me rends compte du travail accompli. **Ces efforts ont touché autant mon appréhension de la nourriture que mon comportement envers elle et ont conduit à mes grandes découvertes culinaires.** Et dire qu'il y a encore quelques années je ne savais même pas ce qu'était une courgette ou comment cuire une aubergine ! J'ai vraiment évolué.

J'aime la phrase d'Oscar Wilde qui dit : « Aimer, c'est se surpasser. » Alors SUR-PA-SSEZ-VOUS pour vous aimer et croyez en vos rêves, c'est la source de toute réussite.

Règle
n°83

Je fais appel aux **phrases magiques**

On connaît toutes ce moment où l'effort est vraiment trop important, où le désir de manger sans retenue surpasse tous les autres et que l'on est prête à tout envoyer en l'air. Quelques formules magiques peuvent aider à s'en sortir !

Lorsque je suis sur le point de craquer et que je sens que la raison m'abandonne, je me dis : « OK, je craque. J'accepte de partir en vrille et j'assume de grossir. » Eh bien, curieusement, quand je formule cette phrase, je change d'avis. Même si j'ai la main dans le sac(het).

C'est de la psychologie inversée. Ce n'est pas nouveau, c'est lorsqu'on s'interdit quelque chose qu'on en a le plus envie. Si je me l'autorise, c'est différent : « Ah bon, j'ai le droit ? Bon… Peut-être plus tard alors, quand j'aurai un peu plus faim… »

Sachez que l'acte de « rébellion contre le régime » est une impulsion irréfléchie et pressante : on a l'impression que c'est le moment où jamais de craquer, qu'après il sera trop tard. Ainsi, en assumant ce craquage, vous pourrez le décaler (le planifier même) et serez beaucoup plus raisonnable que si vous aviez dévoré le pot de rillettes entier.

Dans cet esprit, voici d'autres phrases qui vous aideront peut-être à vous réguler :

1. « D'accord, je continue de manger même si je sais que ce surplus de nourriture ne me convient pas. »
2. « Ce que je mange, je l'apprécie quand je suis raisonnable. »
3. « Pas la peine de dévorer pour savourer. »
4. « Est-ce que j'ai vraiment besoin de ce morceau de fromage ? »

Cette méthode est testée et approuvée !

Les phrases interdites

Si certaines phrases magiques vous aident, d'autres sont parfaites pour vous faire plonger ! Voici le type de phrases à bannir :

☒ « De toute façon, je n'y arriverai jamais alors autant abandonner tout de suite ! »

☒ « Je suis trop nulle, ce beignet, lui au moins, me comprend. »

☒ « J'ai craqué hier, mon régime est fichu ! »

Règle n°84

J'arrête d'avoir peur

Les boulangeries, charcuteries, fromageries ne vont pas fermer parce que j'ai décidé de maigrir. La vie ne s'arrête pas non plus : vous n'allez pas en prison, vous faites juste un peu plus attention à vous.

Déjà, on arrête la dramatisation :

1. Ce n'est pas parce que je ne maigris pas cette semaine que je ne maigrirai jamais.
2. Ce n'est pas parce que je suis invitée que mon amaigrissement est fichu.
3. Ce n'est pas parce que j'ai déjà beaucoup maigri que je ne vais pas passer le prochain palier.
4. Ce n'est pas parce que j'ai craqué aujourd'hui que je craquerai demain.
5. Ce n'est pas parce que j'ai tout repris lors de mon précédent régime que ce sera toujours pareil.
6. Ce n'est pas mon âge qui va m'empêcher de maigrir.

Soyez ouverte au changement ! Tout bouge, rien n'est figé.

Si on devait faire l'inventaire de nos peurs, nous aurions un sacré stock en magasin. Qu'on se trouve des excuses, qu'on procrastine (on remet toujours à demain) ses bonnes résolutions ou qu'on recherche les plaisirs rapides qui ne dureront pas, la cause est la même : on a peur.

Peur de l'échec, peur d'être jugé, peur de se tromper, peur de réussir, peur de ne pas maintenir son poids, peur de changer, peur de manquer, peur du regard des autres, peur de dire non, peur du rejet… Et si on supprimait tout ça ? Pourquoi avoir peur ? Cela nous empêche d'avancer et d'aller droit vers notre objectif.

Il est évident que, si j'ai peur de l'échec, autant ne rien commencer. Si j'ai peur de manquer de nourriture, autant craquer en permanence et remplir mon frigo à ras bord. Si j'ai peur de maigrir, autant grossir. Si j'ai peur du regard des autres, autant manger et ne plus sortir de chez moi. Si j'ai peur de refuser, autant tout accepter et finir le gâteau.

Trouvez la raison qui se cache derrière cette peur : plus on la met en lumière, plus on a de chances de la vaincre. Dans le noir, le moindre bruit nous effraie, mais en allumant la lumière, on est soudain plus rassurée.

La meilleure façon de lutter contre elle, c'est d'en parler. Si vous avez peur que votre conjoint n'accepte pas ce nouveau vous, parlez-en ensemble (cela vous sera bénéfique à vous deux), si vous avez peur que vos amis vous laissent tomber, parlez-leur de vos craintes et vous verrez qu'ils seront compréhensifs.

Règle n°85

Le plus dur n'est pas de maigrir, mais de se maintenir

« Quoi ? Le régime n'est pas le plus dur ? Mais à quoi bon si c'est pour être dans l'effort permanent ? Je démissionne ! » Que je vous explique…

Comme nous l'avons déjà vu, il faut choisir un poids de forme qu'il sera facile de maintenir avec une alimentation normale (entre les trois repas et les six catégories d'aliments à consommer par jour, je pense que vous ne mourrez pas de faim !). Les minces ne font pas un régime perpétuel, elles ont de bons comportements alimentaires, et si vous adoptez les mêmes durant votre période d'amincissement, les kilos se tiendront à l'écart.

Oui, il ne s'agit pas d'une période de « régime », mais d'« amincissement ». La différence ? Le régime draconien est un ennemi qui m'empêche de faire ce que je veux et il est surtout synonyme d'une période assez courte. Vous vous êtes certainement déjà dit : « Vivement que j'arrête mon régime et que je puisse remanger du fromage/chocolat/saucisson. » Voici les prémices de l'effet yoyo suite aux interdictions et au manque de plaisir (vive le fun !).

Votre période d'amincissement doit être le moment où vous mettez en place de nouvelles habitudes, régulez vos repas et mesurez davantage votre rapport à la nourriture. Par exemple, continuez à faire des quiches, mais accompagnez-les de salade verte, ne vous privez pas de carbonara, mais passez votre tour sur le fromage et allez directement au dessert (un fruit frais). À la fin de cette phase, vous aurez non seulement maigri, mais vous aurez une manière plus saine de voir la nourriture.

Le plus difficile, en réalité, est de conserver ces bonnes habitudes qui sont votre clé pour un bel avenir. Elles sont votre ticket gagnant pour la minceur à vie. Je fais ce que je dis et je dis ce que je fais. Je suis cohérente ! Alors ne voyez pas cette période d'amincissement comme une période de privation à court terme, mais le moment de doser et de faire le point sur vos comportements vis-à-vis de la nourriture. Une fois votre poids de forme atteint, vous serez plus forte et pourrez vaincre vos anciens démons sans peine pour conserver un meilleur mode de vie.

Astuce

Si on doit mettre en place une habitude, il faut qu'elle soit facile.

Règle n°86

Je liste **mes victoires**

Je n'ai jamais eu que des victoires dans ma vie, je me suis aussi bien plantée. Mais après tout, ces échecs font partie du passé, cela ne sert à rien de ressasser. Ils m'ont servi de leçon et m'ont appris des choses.

Ce qui est mangé est mangé… et digéré. Je ne garde aucun regret de toutes ces années où je me suis empiffrée, régalée, où j'ai dévoré. Certes, ces abus alimentaires ont façonné mon corps et ont laissé des traces pas très esthétiques (cellulite, peau, gras localisé…), mais j'ai accepté mon passé.

Quand nous perdons confiance en nos capacités à réussir, prenons le temps de lister sur une feuille toutes nos réussites, petites ou grandes : du premier cache-nez tricoté aux premières vacances qu'on a pu se payer… du litre et demi d'eau bu dans la journée à… peu importe. On s'aperçoit alors qu'en fait il y a des tas de choses que l'on a réussies dans sa vie et qu'on peut en réussir d'autres.

Aujourd'hui, par exemple, j'ai réussi à manger des légumes, à prendre soin de moi, à gérer une sortie, à ne manger que la moitié de la pizza, à ne pas boire deux verres de vin, à faire une collation plutôt que grignoter…

Chaque soir, avant de vous endormir, faites le bilan de vos réussites de la journée et arrêtez de ressasser.

Mes antidotes

☑ Pour éviter de grignoter : manger équilibré et faire une collation.

☑ Pour boire de l'eau : coller des post-it pour y penser.

☑ Pour faire du sport : le programmer sur mon agenda.

Règle n°87

Je favorise la **qualité** à la quantité

Fini les fromages allégés qui n'ont aucun goût, le chocolat qui n'a pas de saveur et les bonbons à deux balles !

J'ai décidé de privilégier le goût à la quantité ingurgitée : c'est moi que je respecte en agissant ainsi. **S'aimer n'est pas combler ce qu'on croit être ses besoins à longueur de journée, c'est se respecter avant tout.**

Posez-vous la question : « Quand je mange n'importe quoi pour remplir mon estomac jusqu'à ne plus pouvoir rien avaler (voire même être écœurée), est-ce que je respecte mon corps ?
– Oh, tu nous soûles, Anna, avec tes belles paroles. Moi, quand j'ai faim, il faut que je mange, point final.
– OK, mais quand tu as soif, est-ce que tu bois d'affilée les six bouteilles d'eau du pack ? Tu t'arrêtes quand tu sens que ta soif est apaisée ! »

Alors, apprenons à nous écouter quand nous mangeons et trouvons chacune le moyen de stopper notre surconsommation. En restant sur ce rythme infernal, on va droit dans le mur des lamentations ! Avec, en bonus : culpabilisation extrême, détestation et dévalorisation de soi, regrets. Trouvons, au plus vite, ce moment magique où nous sommes apaisées : l'instant CDR « Cap De Réussite » ; chacune d'entre nous en a le potentiel.

Mon message du jour : rien n'est difficile, c'est seulement nouveau, mais c'est possible.

Je me fixe des **défis raisonnables** et je m'engage

Que c'est démoralisant de se lancer des défis dont on ne voit pas le bout… Mieux vaut rester sur des objectifs plus raisonnables et les réussir !

C'est bien de voir sur le long terme pour mettre en place de nouvelles habitudes et de bonnes résolutions. Mais peut-être pas tout le temps… **C'est comme si vous n'enchaîniez que des courses d'endurance : il y a bien un moment où vous aurez envie de faire un petit sprint !**

Gare aussi à la mauvaise foi et aux « fausses résolutions ». Souvent, quand vous vous lancez ce genre de défis (aller à la salle de sport tous les jours pendant un an, ne plus manger votre aliment préféré pendant 6 mois…), vous savez vous-même que vous ne vous y tiendrez pas !

Vos objectifs sont tellement hauts et loin dans le temps qu'ils paraissent impossibles dès le départ ! Alors craquage et culpabilité assurés. **Oui, on aime bien culpabiliser ! Même s'il est impossible et dangereux de perdre 1 kg par semaine, on s'en veut de ne pas y être arrivée !** Résultat : non seulement vous ne parvenez pas à atteindre votre but,

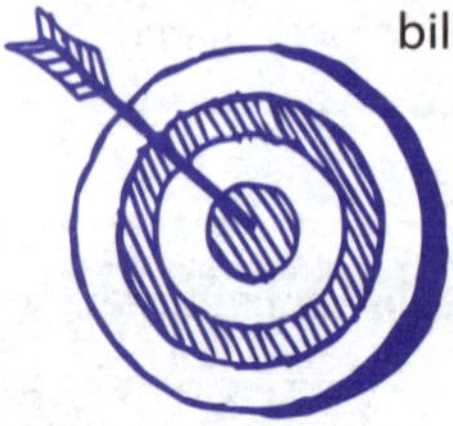

mais en plus, votre motivation est mise à mal et votre confiance en vous chute.

Alors, trêve de promesses non tenues et de défis intenables, tournez-vous vers de petites actions. Pas petites dans ce qu'elles impliquent, mais dans leur réalisation : pourquoi ne pas consacrer un soir au sport par semaine plutôt que de commencer directement avec l'intention d'en faire tous les jours ? Pourquoi ne pas vous donner comme objectif de perdre 100 g par semaine plutôt que 2 kg ? Vous maigrirez tout de même et ne serez pas déçue en voyant le résultat de vos efforts !

À chaque fois que vous parviendrez à tenir un défi lancé sur toute une journée, votre confiance en vous sera au beau fixe ! Vous aurez l'impression que le monde vous appartient, que vous êtes capable de tout. Alors pourquoi ne pas poursuivre cette action encore une journée, une semaine ou la garder sur le long terme ?

Je vous assure que cet exercice est indispensable pour retrouver l'estime de soi. Vous êtes capable, croyez en vous ne serait-ce qu'une journée ! Vous avez bien cru à la petite souris pendant des années ! Alors comparé à ça, croire en soi, c'est plutôt facile, non ?

Règle n°89

Je m'écoute pour savoir ce qui est bon pour moi

Pour maigrir fais ci, fais ça, fais pas ci, fais pas ça… À force d'entendre des tas d'incohérences, je ne savais plus ce que je devais faire.

À quel moment je m'écoute ? Et si, moi, j'ai envie de prendre un carré de chocolat devant la télé ? Pourquoi je ne le ferais pas, si je sais que c'est bon pour moi ? **Écoutez-vous.** Bon, par contre, je n'ai pas dit de prendre la tablette, et OUI, le camembert, ça se coupe !

Je prends conscience de ce qui est mauvais pour moi.
Certains diront que, ce qui est mauvais pour eux, c'est la charcuterie, les sandwichs, les gâteaux… Moi, je me suis aperçue que, ce qui était mauvais pour moi, ce sont ces aliments que je mange sans réfléchir, ceux qui me poussent à en manger toujours plus : les cacahuètes salées, les chips, le saucisson sec, le fromage, les bonbons… Ils ont sur moi un effet diabolique… Ben et Nuts, sortez de ce corps ! Je deviens une testeuse de chips, une machine à engloutir. Le pire, c'est que je n'en suis pas spécialement fan… Je fuis leur présence pour me protéger. **Parfois, le vrai courage, c'est de battre… en retraite !**

Pour moi, il n'y a pas de bons ou mauvais aliments. Je ne m'en interdis aucun. Mais, par contre, mes faux amis à moi sont les aliments mous, liquides, en purée. Quand je mange du pain de mie, je n'arrive pas à m'écouter et la satiété ne vient pas. Je n'en ai jamais assez ! Quand je fais de la purée, j'en mange souvent plus que prévu et je suis même capable de finir la casserole. Avec la compote, je dois me retenir, car elle glisse toute seule ! Et quand ça glisse, c'est propice à la reprise. Sans parler des jus de fruits qu'on peut boire d'une traite sans culpabilité. Ben oui, ce sont des fruits…

Ma petite astuce

1 cuillerée à café de graines de chia dans le jus de fruits : cela lui donne du corps et c'est plein d'oméga-3 !

Il faut que ça croque et que ça craque sous la dent pour être vraiment rassasiant.

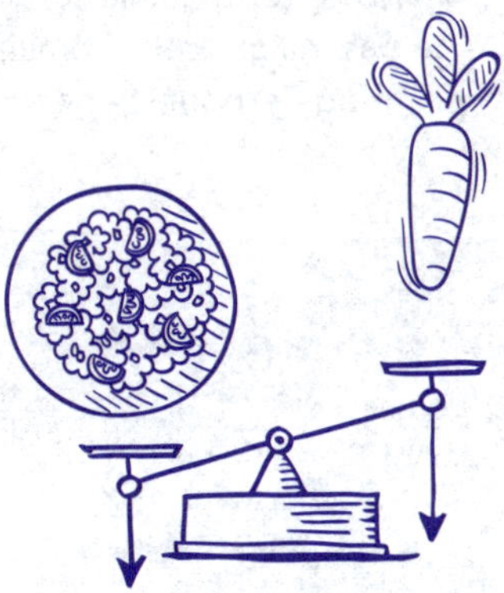

Règle n°90

Je craque, mais je garde confiance

Il y a des moments dans un régime où on se dit : « Comment résister, j'ai la dalle… je veux du sucre ! » Dans ces moments-là, respirez et trouvez la force de faire le bon choix.

Ne pas se démotiver est primordial si on veut tenir la distance, alors ne lâchez rien ! **Dites-vous : « Je sais le faire, je peux le faire, je suis capable de tout.** » Je m'accroche à cette volonté et, face à la tentation, je pense à autre chose (mes prochaines vacances, un autre projet…), je détourne mon attention de l'aliment G (grossissant).

Si je craque, je relativise. Ce n'est pas la fin du monde ! Ça arrive même aux meilleures, rassurez-vous. Alors, ne soyez pas trop dure avec vous-même. Après tout, quelle sera la conséquence de ce craquage ? De ne pas maigrir cette semaine ? De prendre du retard sur votre planning « silhouette de rêve » ? Vous vous rattraperez demain.

Trousse de secours en cas de craquage

Positivez pour changer vos habitudes alimentaires récalcitrantes. Si vous culpabilisez pour l'écart du jour, notez sur un papier votre ressenti, ce que vous avez mangé et tentez de comprendre le besoin qui se cachait derrière cette envie. Et surtout : dédramatisez la situation, vous mettre la pression est contre-productif.

Vous avez un objectif ? Il faudra vous battre, tester des choses, être tenace, garder l'envie de réussir, être déterminée. Craquer fait partie du jeu. Vous n'avez pas maigri cette semaine ? Passez votre tour. J'aime l'idée qu'on maigrisse chacune son tour, comme dans une file d'attente. Personne n'irait doubler tout le monde pour passer plus vite à la caisse, n'est-ce pas ? C'est chacune son tour. **Alors dès aujourd'hui, quand vous ne maigrirez pas, dites-vous que ce n'était simplement pas votre tour.** Vous serez donc dans de meilleures conditions pour attendre.

Règle du « déplacer la virgule »

Quand j'ai envie de chocolat, bonbons, biscuits ou autres « grignot-aliments », j'utilise cette règle basée sur le poids que je veux garder. Par exemple, si on fait 70 kg, on prendra 7 g (7,0) de chocolat.

Et le craquage a parfois du bon. Trop de privations et de frustrations ne sont pas viables sur la durée. Bien sûr, je ne mange plus autant de chocolat qu'avant… mais j'en mange ! C'est une autre règle essentielle : supprimez le plaisir de votre vie et vous vous retrouvez la tête dans le frigo. Les fringales vous envahissent pour laisser place à la démotivation, ce qui engendre craquage, obsession et abandon. Alors prenez de bonnes habitudes.

Règle n°91

Je prends garde au **piège des vacances**

Savez-vous à quel moment des vacances commence le dérapage alimentaire ? Deux jours après être arrivée, une semaine, le premier week-end ? NON, NON, plus vite que vous ne le pensez… tout débute le jour du grand départ !

Ah, les vacances ! Toujours une bonne occasion pour faire connaissance avec de nouveaux visages, retrouver sa famille, partager des moments entre amis… Malheureusement pour nous, ces situations tournent autour des repas.

Mais vous restez motivée. Tout à la joie d'avoir pu perdre quelques bourrelets, vous vous dites que vous êtes sur la bonne voie, décidée à tenir le cap malgré les tentations que vous aurez lors de votre séjour. Le hic : impossible de prendre votre balance sous le bras par manque de place. La solution pour une meilleure maîtrise : **le short en toile serré, le jean et un mètre ruban de couturière** (et vos mesures prises avant de partir) pour estimer approximativement votre prise ou perte de poids.

Les vacances et les week-ends sont semés d'embûches. Ne cédez pas aux tentations pour ne pas réduire vos efforts à néant. Résistez !

D'abord, l'autoroute. On ne sait pas trop pourquoi on a ce besoin effréné de dépenser sans compter, de faire le plein de biscuits, de chips, de bonbons, de chocolat, de sodas, de sandwichs. La station-service la plus tristounette devient la caverne d'Ali

Baba des aliments plaisir, le paradis sur terre, un mini-supermarché de la tentation.

Pour franchir cet obstacle, faites-vous un pique-nique maison. Avec une petite organisation en amont, vous pouvez préparer vos salades, sandwichs, viande froide… Surtout pas de courses à la dernière minute dans la gare ou la station-service, non, non ! Pique-nique impératif avec uniquement du fait maison.

Dans l'avion, le plateau-repas est là, devant vous… Sous vos yeux, un moelleux au chocolat, un morceau de pain, le beurre, un blanc de poulet, des rondelles de pomme de terre, un fromage à tartiner, une vinaigrette, une coupelle avec des carottes et une lingette citronnée. Le point positif, ce sont les quantités. Pas de risque de trop manger ! J'échange mon moelleux avec les carottes râpées de mon mari. Je tartine le fromage dans le pain et j'y mets le blanc de poulet. Je mange la pomme de terre à part. Personne ne vous oblige à tout manger ! Pour la lingette au citron, c'est vous qui voyez…

Pour ne pas grossir en vacances

- ☑ On privilégie les produits du marché.
- ☑ On passe à la poissonnerie ou chez le boucher pour préparer une plancha.
- ☑ L'avantage du restaurant : on peut choisir ce qu'on mange.
- ☑ Bref, on s'or-ga-ni-se !

Règle n°92

Je positive **en toutes circonstances**

Être positif, c'est toute une aventure… surtout quand ce n'est pas sa nature ! Voici quelques astuces pour vous aider à faire ressortir votre positivité dans l'état d'urgence de votre amaigrissement.

Personnellement, je vois le bon côté dans n'importe quelle situation, mais ce n'est pas une évidence pour tout le monde. Quelle que soit la situation dans laquelle vous vous trouvez, cherchez toujours en quoi elle peut être intéressante et constructive pour le futur.

Quelques exemples :

1. *Vous n'avez pas maigri cette semaine ?* Partagez la nouvelle et donnez votre ressenti à certains de vos proches. Vous verrez qu'ils seront là pour vous réconforter. Bien que les kilos soient encore présents, vous avez pu voir à quel point vous étiez appréciée.

2. *Vous êtes partie en vrille chez vos amis lors du repas ?* OK, mais comparez ce petit craquage avec les écarts que vous faisiez il y a quelques semaines. Ils n'ont plus rien à voir, reconnaissez-le. Les progrès sont là quoi qu'il arrive.

3. ***Vous vous sentez gonflée, ballonnée ?*** Positiver, c'est aussi savoir ce qu'il se passe dans son corps. En phase d'amaigrissement, on est souvent sensible à chaque fluctuation corporelle alors qu'elles sont souvent normales et passagères. Documentez-vous, apprenez à décoder pour relativiser la situation et éviter les baisses de moral. Une fois que vous saurez pourquoi votre estomac réagit de cette façon, vous irez mieux.

4. ***Vous n'avez perdu « que » 100 g cette semaine ?*** C'est super, soyez aux anges ! Lorsque vous aurez perdu 9,9 kg, vous verrez l'importance de ces soi-disant petits grammes. Vous pouvez aussi regarder ce que représentent 100 g de beurre, de farine ou de pop-corn : c'est énorme ! Tout est bon, soyez enthousiaste. Faites même une petite danse de la joie. Si, si.

5. ***Vous avez grossi en appliquant à la lettre votre programme ?*** OK, dur de positiver… Une seule chose à faire : je m'adapte à la situation et j'accepte. Ce n'est pas parce que la balance affiche une reprise que le processus d'amaigrissement n'est pas installé : grossir fait partie du jeu. Faites avec et repartez pour une autre semaine. On est des championnes ou pas ?

6. ***Vous doutez ?*** Vous valez mieux que ça. Pas de doute à avoir, ayez confiance, soyez certaine qu'en positivant et en trouvant les bonnes actions à mettre en place, ça ne peut que fonctionner. C'est comme si vous aviez vraiment envie d'aller dans une ville, Marseille par exemple, vous le voulez tellement que vous trouverez le moyen d'y aller quoi qu'il arrive. Même si ce n'est pas tout de suite.

J'ai tellement confiance en moi et en mes capacités que je ne doute pas. Pour mon amaigrissement, ce fut pareil. Rien ne pouvait me détourner de mon envie de réussir. N'installez pas LE DOUTE, il vous bouffe votre énergie, votre force.

Faites-vous une joie de tout ce qui cloche et soyez heureuse de prendre soin de vous en respectant votre corps quand vous passez à table. Rappelez-vous toujours pourquoi vous voulez maigrir et accrochez-vous à ce rêve pour réussir.

Règle n°93

Je décongèle **ma ration** de pain

Maigrir, c'est aussi mieux s'organiser. Faire une liste de courses précise, prévoir ses repas, voire préparer ses« gamelles » pour le midi et limiter les allers-retours à la boulangerie !

J'ai pris l'habitude d'acheter du pain tranché et de le congeler. Au petit déjeuner, après avoir bu de l'eau, j'en prends 2 tranches que je place directement dans mon grille-pain. **Elles sont chaudes et croustillantes en moins de deux !**

Qu'est-ce que j'aime le pain frais ! Mais, quand on veut faire attention, le pain est la première chose à limiter (dommage…). L'avantage, c'est que c'est rapide, pratique (surtout quand on est pressée), et moins cher que d'acheter du pain tous les jours ! **Vous aussi, vous êtes du genre à siffler la baguette ?** Alors cette astuce est indispensable. Maintenant, à vous de varier les pains pour plus de plaisir.

Idée reçue

« Si je veux maigrir, je dois retirer la mie du pain. »
Faux ! La mie contient plus d'eau que la croûte, elle est donc moins calorique.

Règle
n°94

Je vire la balance
si elle me déprime

Avez-vous remarqué l'impact négatif qu'a la balance quand elle vous annonce un chiffre qui ne vous satisfait pas ? Moi, ça me démoralise et je sens la motivation me quitter d'un coup…

C'est infernal de faire tous ces efforts pour constater que son poids ne descend pas, voire qu'il remonte !

Deux solutions se présentent alors à nous :

1. Soit on retire les piles pour ne plus se faire manipuler par des chiffres qui, finalement, ne sont pas très significatifs.
2. Soit on prend un vêtement ou un accessoire repère pour visualiser ses résultats. Prenez, par exemple, un pantalon dans lequel vous êtes étriqué, ou alors un tee-shirt qui vous boudine. Des boucles d'oreilles pourront aussi faire l'affaire (hihihihihi !).

Surtout, stop à l'obsession du poids ! Arrêtons de dépendre d'une simple balance ! D'autant que ce n'est pas représentatif : rien qu'en buvant un litre d'eau, vous prenez déjà un kilo ! Mais ce n'est pas un « mauvais » kilo, c'est simplement de l'eau… De plus, cela influence notre humeur, comme un bouton on/off : gai/triste, heureux/malheureux, motivé/démotivé…

Pour les inconditionnelles de la pesée

Si vous tenez absolument à vous peser, faites-le une fois par semaine à jour et heure fixes (le mercredi matin, par exemple). Vous aurez des résultats bien plus pertinents, car l'équilibre alimentaire se fait sur une semaine et non sur une journée.

Règle n°95

Je réduis mes portions

Quelle est la quantité normale ? Quelles sont les proportions raisonnables ? Quand on n'est pas habituée à la mesure, c'est un véritable casse-tête dont il faut venir à bout !

Pas facile de connaître la taille exacte des bonnes portions pour maigrir, mais il est facile de réduire de moitié nos portions habituelles. Je n'aurais jamais maigri si je n'avais pas réduit les quantités. C'était une de mes priorités au quotidien parce que je mangeais énormément. Aujourd'hui, je pourrais manger plus, toujours plus, encore plus, mais **je refuse, car je ne suis pas qu'un ventre !** C'est dit.

Dites-vous : « Ce repas copieux que je me suis préparé, je dois le partager avec une personne affamée. » (Euh… des personnes affamées ? Je n'en connais pas… C'est ça oui, mon œil…) Cela change immédiatement la donne.

Au début, je ne vais pas vous mentir, vous aurez faim en sortant de table. Non pas parce que vous n'aurez pas assez mangé, mais à cause du mécanisme de défense instauré par le cerveau. On peut appeler ce mécanisme un joli cercle vicieux ! **Lorsqu'on est en surpoids, notre cerveau nous impose de conserver un mode de vie alimentaire apte à nous maintenir à notre poids actuel.** L'amaigrissement est normalement un mauvais signe. Jusque-là, ça va. Mais si vous imposez une privation à votre corps, votre cerveau va s'emballer et déclencher des fringales douloureuses, qui font office de signal d'alarme. Il se sent menacé

Mes astuces pour manger moins

☑ Essayez déjà de manger dans de plus petites assiettes. Une bonne portion peut paraître ridicule dans un plat trop grand. On a donc tendance à le remplir plus que de raison.

☑ Achetez en moins grande quantité. Vous verrez que vous aurez tendance à manger moins de gâteaux si vous n'achetez qu'un ou deux paquets à la fois. Plus on a de quoi grignoter, plus on grignote.

☑ Vérifiez bien les dates de péremption pour éviter d'avoir à terminer toutes vos mousses au chocolat en une fois !

par ce régime qui vous ferait pourtant le plus grand bien ! Entre le cerveau qui ne comprend pas que votre but est justement de maigrir et votre estomac qui s'est tellement détendu qu'il demande toujours à être rempli, vous n'êtes pas aidée !

Mais rien de tout cela n'est une fatalité : vous pouvez (heureusement) inverser la vapeur. Le corps comprendra au fur et à mesure qu'il y a du changement dans votre vie et va s'adapter aux nouvelles portions que vous lui donnerez. Ce n'est certainement pas à vous de vous plier à ses caprices ! Non mais !

Règle n°96

Je ne mange plus **devant la télé**

Qui a instauré le pop-corn au cinéma et la glace devant les films à l'eau de rose ? Qui a décidé que, en plus de rester assise à fixer un écran, on devait engraisser ? Je veux un nom !

Ah ça, c'est l'une de mes plus grandes réussites ! J'ai arrêté le grignotage devant la télé l'après-midi ET en soirée. Ma bouteille d'eau et ma tisane (je deviens une vraie mamie) sont mes nouvelles copines de canapé et de vraies complices minceur.

Je me suis tellement entraînée à chasser de mon esprit les cochonneries que je mangeais machinalement que l'eau est devenue une évidence. Mon cerveau n'a plus d'yeux que pour ce liquide zéro calorie. Pourquoi manger un biscuit alors qu'il ne m'est pas indispensable ? J'ai mieux à faire, boire une gorgée d'eau. YESS !

Quoi faire devant la télé ?

Manger, ça occupe. C'est pourquoi on mange surtout quand on s'ennuie. Donc, si vous n'êtes pas trop verre d'eau et infusion, faites quelque chose de vos mains devant la télé. Quelque chose qui ne demande pas forcément d'attention comme tricoter, malaxer une balle antistress, faire des caresses à votre animal de compagnie. Le mieux est encore de faire du rameur ou du vélo d'appartement devant une émission que vous regardez tous les jours. Cela deviendra un réflexe et vous mêlerez l'utile à l'agréable !

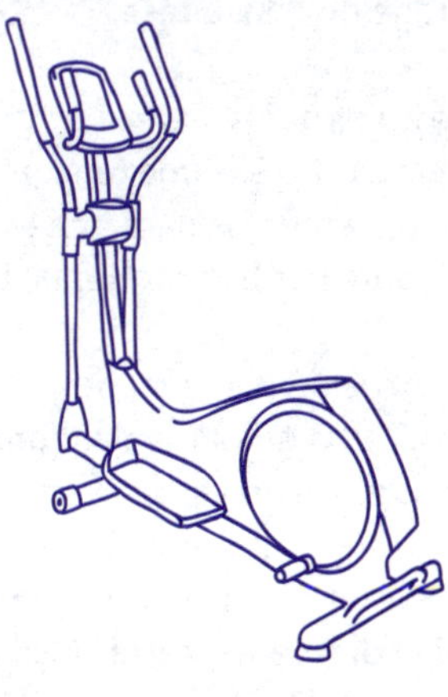

Règle n°97

Je donne un sens à mon amaigrissement

Je sais que vous n'avez qu'une obsession : monter sur la balance pour vous rendre compte que vous avez enfin perdu les kilos qui vous collent à la peau depuis tant d'années. Mais est-ce le seul but de votre régime ?

La question essentielle que je me suis posée quand j'ai maigri est : **tous les efforts entrepris pour mon amaigrissement ont-ils un sens pour moi ?** Bien sûr que vous voulez maigrir, mais est-ce que ce projet a véritablement un sens pour vous ? Si c'est le cas, il sera facile à mettre en place, sinon vous serez confrontée à davantage de difficultés.

Si vous voulez maigrir pour les autres ou pour une occasion particulière (un mariage, une fête, une rencontre, les vacances d'été à la plage…), non seulement la démarche sera plus difficile, mais en plus, elle ne tiendra pas la route sur la durée.

Afin de tourner la page définitivement sur ce problème de poids, donnons un sens à l'amaigrissement. Pourquoi est-ce important pour moi, pour vous ? « Je le fais pour ma santé, pour me sentir mieux, pour me retrouver. Je mérite le meilleur. Je sais qui je suis, je sais ce que je veux et ce que je vaux. J'obtiendrai tout cela en me respectant. Je commence cette prise de conscience par le rapport que j'ai avec la nourriture. »

Cela s'appelle la confiance en soi : c'est la capacité à prendre soin de soi au-delà du chiffre indiqué sur la balance. Ce que je fais pour moi est important, car j'ai donné du sens à ma façon de m'alimenter.

L'autre jour, je discutais avec mon fils Anthony et lui expliquais l'importance de se réconcilier avec les aliments gras pour maigrir. Il m'a alors fait cette réflexion : « Mais maman, personne n'est fâché avec son kebab ou sa pizza. Il faut plutôt réconcilier les gens avec les navets, les choux et les épinards… » J'avoue qu'il a entièrement raison. Mais quand je parlais de « se réconcilier », je pensais plutôt à la fréquence de consommation. Si vous carburez au fast-food, le surpoids restera présent (c'est ce qu'il préfère, pourquoi partirait-il ?).

Il faut se souvenir de ce qui est le plus important dans votre amincissement : vous ! Et non votre poids. Quand je fais les bons choix, je prends soin de moi et je dois me dire : « Je n'ai peut-être pas maigri, mais j'ai mangé sainement. » Vivre au présent, c'est aussi être là, attentive à soi.

Règle n°98

Je remplis **mon assiette**... à ma façon !

Quelle douleur que de voir une toute petite portion dans son assiette, surtout quand toutes les autres personnes autour de la table se servent allègrement !

C'est un vieux réflexe de remplir son assiette, toujours avec cette peur inconsciente de manquer… Si vous parveniez à vous arrêter quand vous n'avez plus faim, ce serait différent. Mais nous savons bien que ce n'est pas le cas ! La phrase de votre mère (« Finis ton assiette ! ») est restée bien ancrée en vous, alors finissez votre assiette, mais sans la remplir à ras bord !

Pour avoir la sensation de manger plus en remplissant moins mon assiette, j'étale la nourriture. Pas besoin que votre assiette soit bombée pour avoir l'air pleine, il suffit de cacher sa surface !

Comme nous l'avons déjà vu, choisissez plutôt de petites assiettes et préférez-les hautes en couleur (pas des blanches) ! **De cette manière, j'ai l'impression que mon assiette est copieuse et bien remplie.**

Encore une fois, c'est psychologique ! Si, plutôt que de vous faire une grosse assiette, on vous donnait 20 mini-portions, vous auriez l'impression de ne rien avoir mangé alors que vous aurez consommé l'équivalent d'un plat entier ! Ce sont les yeux qui vous donnent faim (d'où les yeux plus gros que le ventre).

Parfois, j'ai l'impression d'être un chef de chantier, avec ma fourchette, qui goudronne une surface. « Allez, les gars, je ne veux plus voir l'assiette ! » Grâce à cette petite combine, vous pourrez même vous resservir un peu sans remords !

Règle n°99

J'ai **tous les atouts** pour réussir

Quoi que vous entrepreniez, il est important de vous rendre compte de votre valeur et de croire en vous. Vous avez autant d'importance que les autres. Je ne le dirai jamais assez, si vous ne croyez pas en vous, qui le fera ?

Voici un petit exercice que j'affectionne particulièrement : tracez deux colonnes sur un papier. **Dans la première, listez ce que vous aimez chez vous.** Qualités, comportements, façons de faire, attributs physiques (même si c'est la forme de votre orteil gauche !), actions entreprises… tout est possible. **Ensuite, listez dans la seconde colonne vos réussites, vos succès, tous domaines confondus** (cela peut aller de l'obtention d'un poste au laçage de chaussures de votre petit dernier).

Une fois ces deux listes rédigées, demandez-vous : « Qu'est-ce qui m'a permis de réussir ? Quelle qualité m'a donné la possibilité d'arriver à mes fins ? » Vous constaterez ainsi les ressources dont vous disposez et ce qu'elles vous ont permis d'accomplir. Cet exercice dévoilera donc la personne formidable que vous êtes. *Quelqu'un d'aussi génial ne peut que réussir tout ce qu'il entreprend !*

Je m'aime !

Voici un autre petit exercice pour se sentir bien dans ses baskets. Quand je suis sur le point de me lamenter sur mon sort ou de dire à mon reflet que je suis grosse, moche, bonne à rien... Ding ! Je souris pour remplacer ces pensées négatives par du positif ! Ou alors, je relis la liste précédemment écrite pour me souvenir de toutes mes qualités. Vous verrez qu'en vous interdisant de formuler ces insultes (c'est ce qu'elles sont) dans votre tête, vous vous sentirez déjà mieux à la fin de la journée. Vous ne traitez pas les autres aussi mal, il me semble, alors pourquoi seriez-vous si dure avec vous-même ?

Règle n°100

Récap' : je révise mon alphabet minceur

Avez-vous bien tout suivi ? Avez-vous bien intégré toutes ces règles d'or ? Êtes-vous prête à atteindre vos objectifs ? Et si on les récapitulait, juste pour être sûres ?

A comme *Amour* : si on ne s'aime pas, on ne fait rien de bon pour soi. N'attendez pas d'être plus mince pour vous aimer.

B comme *Bien-être* : veillez à votre santé, elle vaut de l'or.

C comme *Conscience* : prenez conscience des changements à adopter pour avancer.

D comme *Détermination* : ayez un but et ne laissez personne vous en détourner (même pas vous-même !).

E comme *Exigence* : préférez la qualité à la quantité, respectez votre corps et visez le long terme.

F comme *Faire* : mettez en place de petites actions pour obtenir le résultat espéré.

G comme *Gentille avec soi* : ne vous maltraitez pas en vous insultant dès que vous avez oublié quelque chose ou quand vous vous trompez. Cela ne retire rien à toutes vos qualités !

H comme *Habitude* : retrouvez une routine saine avec des habitudes simples à garder sur le long terme.

I comme *Image* : réconciliez-vous avec votre image, vous êtes déjà une belle personne. Arrêtez de vous juger.

J comme *Je* : pensez un peu plus à vous.

K comme *Kilomètres* : marchez un peu plus et plus souvent.

L comme *Libre* : libérez-vous des discours de vos proches et des idées reçues. Écoutez-vous et ne soyez pas dépendante d'une tablette de chocolat ou tout autre aliment addictif.

M comme *Motivation* : trouvez le « motif à l'action », un objectif qui vous redonnera le courage de réussir.

N comme *Nourriture* : réconciliez-vous avec la nourriture et trouvez l'équilibre dans votre comportement et votre assiette.

O comme *Oser* : osez dire non, osez changer, osez croire en vous.

P comme *Présent* : vivez au présent, car vos actions d'aujourd'hui auront un impact sur le futur.

Q comme *Quantité* : contrôlez les quantités et choisissez la bonne dose. Je mange pour une personne !

R comme *Réussite* : ne doutez pas de votre succès, vous n'y arriverez que si vous y croyez.

S comme *Sommeil* : veillez à votre sommeil, c'est quand on est fatiguée qu'on grignote le plus !

T comme *Ténacité* : ne lâchez rien.

U comme *Unique* : traitez-vous en VIP, vous êtes formidable !

V comme *Visualiser* : imaginez-vous mince dans les moments difficiles, visualisez la victoire.

W comme *Wok* : utilisez-le pour cuisiner plein de légumes et éviter la frustration.

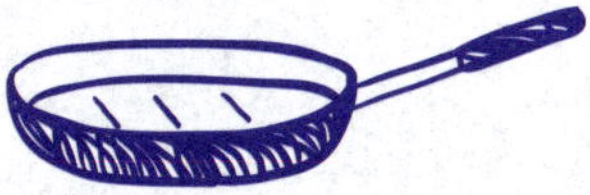

X comme *Xylophone* : pensez à la musique le matin, pour un réveil tonitruant qui donne la pêche !

Y comme *Ying yang* : veillez à ce que l'équilibre soit au rendez-vous dans les différents domaines de votre vie pour pouvoir vous consacrer à l'amaigrissement et en faire votre priorité.

Z comme *Zen* : lâchez prise, prenez votre temps, il n'y a aucune pression.

Mon programme personnalisé

Mon programme personnalisé

Direction de la publication : Isabelle Jeuge-Maynart et Ghislaine Stora

Direction éditoriale : Véronique de Sahb

Responsable éditoriale : Nathalie Cornellana

L'éditeur remercie Maria Ceglia pour sa collaboration.

Relecture-corrections : Laurence Alvado

Couverture : Anna Bardon

Conception graphique et mise en page : Anne Bordenave

Fabrication : Donia Faiz

Illustrations © Thinkstock, Shutterstock, Freepik

ISBN : 978 2 03 592870 2

Les Éditions Larousse utilisent des papiers composés de fibres naturelles, renouvelables, recyclables et fabriquées à partir de bois issus de forêts qui adoptent un système d'aménagement durable. En outre, les Éditions Larousse attendent de leurs fournisseurs de papier qu'ils s'inscrivent dans une démarche de certification environnementale reconnue.

PAPIER À BASE DE FIBRES CERTIFIÉES

LAROUSSE s'engage pour l'environnement en réduisant l'empreinte carbone de ses livres. Celle de cet exemplaire est de : 400 g éq. CO_2 Rendez-vous sur www.larousse-durable.fr

Imprimé en France par Jouve

Dépôt légal : mars 2017

318578/01 - 11033785- janvier 2017 - N° 2493494E